金融のしくみは全部ロスチャイルドが作った

JN264308

徳間書店
5次元文庫
033

装丁　⑥Design
カバー写真　Time & Life Pictures/
Getty Images/AFLO

ロスチャイルドという名を御存知ですか？

閨閥によって地球を網の目のように覆い

200年以上にわたり世界を動かし続ける陰の支配者。

「そんな……小説じゃあるまいし」と思われますか？

いや「事実は小説よりも奇なり」です。

彼らが目指すのは、大衆を家畜のように管理・コントロールする社会です。

一部のエリートが絶対的な権力で支配しようとしています。

ほとんどの人は

「そんなバカな」とか「くだらない陰謀論だ」と思うことでしょう。

その原因は、多くの人がお金の仕組みを知らないためだと思います。

「お金のことぐらい知っているよ」と思われることでしょう。

しかし、本当にお金の仕組みを理解している人は

実際にほとんどいないのが実情です。

信じるも信じないも貴方しだいですが、まずは事実を知ってください。

教科書もマスコミも絶対に教えてくれない

ロスチャイルドが作った世界支配の構造をお伝えしましょう。

はじめに――金融システム設計者の意図に気づいた理由

今から20年ほど前、第一子ができたことをきっかけに、私は環境問題に興味を持ちました。

昨年、日本でも評判になった映画『不都合な真実』(*1)でアル・ゴア氏が語っていたような危機的状況を知り、「このままでは地球に人が住めなくなってしまう。大変だ。なんとかしなければ」と一人で焦《あせ》っていました。しかし、世はまさにバブルの真っ只中《ただなか》。グルメにブランド品、海外旅行と、贅沢な生活に浮かれていた人々は、私の忠告などに耳を貸してはくれませんでした。

仕事も忙しく、なかなか環境活動などに参加することもできなかったので、とりあえず暇を見つけては独学で環境問題を研究する日々が何年か続きました。

環境問題の解決策を模索していくと必ず「地域循環型社会への転換」に突き当たります。すでに答えは出ているのに「地域循環型社会への転換」は、現実には一向に進展しません。現実に進行しているのは、地域循環とは逆方向のグローバリゼーションでした。そこで初めて私の関心は経済へと向かいます。

1999年、NHKで放送された『エンデの遺言』(*2)という番組を観て、初めてお金のシステムそのものに構造的な問題があること。そして、その問題の解決策として地域通貨という実験的な試みが世界各地でおこなわれていることを知ります。

思い立つとすぐに実行しなければ気がおさまらない性分の私は、すぐにレインボーリングという地域通貨グループを立ち上げました。

たまたま日本の地域通貨の黎明期《れいめいき》であったため、その後、私は日本各地の地域通貨を実践しよう、勉強・研究しようとする人たちから呼ばれ、講演やワークショップを数多くおこなうことになります。もともと私は経済の専門家ではなく、それどころかインフレが何かも知らない経済オンチでした。しかし、呼ぶ方はそうは思っていません。講師である私に様々な質問をぶつけてきます。それらに応えるために、その後、必死に勉強するはめになりました。そして、勉強すれば勉強するほど、お金のことを何も知らなかったことを思い知らされました。

お金の成り立ち、お金のシステム、それらは調べれば調べるほど興味深く、また、お金のシステムが社会に与える影響の大きさに驚きました。何故ひどくなる一方の経済格差、環境破壊、紛争などを食い止めることができないのか？　お金という観点から社会を見ると、それらが当然の帰結であることがわかります。

ただ、その頃の私は、それが単なる構造的な欠陥だと認識していたのです。しかし、どんなシステムでもそうですが、必ず設計者がいて、その設計者の意図がシステムに反映されるはずです。

子供向けの入門書から高度な専門書、あるいはちょっと怪しげな類《たぐい》の本まで……、お金にまつわる本なら何でも次から次へと読み漁《あさ》った私は、どうやら経済の専門書に書かれていることと現実とはかなりかけ離れているという違和感を持つようになりました。「歴史は勝者がつくる」という言葉がありますが、まるで映画『マトリックス』のように、これまで現実だと思っていた世界は、実は誰かがつくり上げた仮想現実であり、実際の世界はもっとドロドロとしたおどろおどろしい欲望と暴力にあふれたものだったようです。

本書では、はじめにお金と金融の歴史そしてお金の問題点を取り上げ、如何《いか》に私たちがそのシステムによって知らず知らずの内に搾取《さくしゅ》され、混迷の中に置かれているか。次に、世界史をたどりながら、社会・経済システムの制度設計をおこなってきたロスチャイルド一族をはじめとする支配者層が、どのように私たちをコントロールして自分たちの理想とする世界を築き上げようとしてきたかを明らかにしていきます。そして最後に、このおどろおどろしい現実に対して私たちはどんな対応ができるのか、僭越《せんえつ》ながら未来への提案をしてみたいと思います。

本書を読まれた方は、少なからず反発されることと思います。「そんなバカなことはない。くだならい陰謀論じゃないか」と。

しかし、冷静に私たちが置かれている現実と照らし合わせてみれば、決して私が何の根拠もなく長々と妄言を書き綴《つづ》っているわけではないことがご理解いただけると思います。

そしてもし、このおどろおどろしい現実を変えたいと思うならば、私なりの「未来への提案」を参考にしていただければ、これ以上の幸せはありません。

出典・注釈

（＊1）『不都合な真実』（2006年）は、地球温暖化の問題に熱心に取り組んできたアル・ゴアのスライド講演を中心としたドキュメンタリー映画。過去の気象データや、温暖化の影響を受けて変化した自然のフィルムを数多く使いながら、この問題を直視しない政府の姿勢を批判し、人々が生活の中で環境を守る努力を続けることの重要さを訴えた。

（＊2）『エンデの遺言――根源からお金を問う』は1999年5月4日にNHKのBS1で放送。児童作家ミヒャエル・エンデが、死の前年（1994年）NHKとのインタビューで残した2時間のテープをもとに「暴走するお金」の正体を探りに旅立つ。「老化するお金」「時と共に減価するお金」など、現代のお金の常識を破る思想の数々を紹介する。欧米に広がる地域通貨の実践――米国のイサカアワー、ヨーロッパの交換リング、スイスのヴィア銀行などもレポート。

金融のしくみは全部ロスチャイルドが作った　目次

第3章

第4章

第5章
087
ロスチャイルド関連の世界史①
——近代史の謎が解けた!!

第7章 世界の現状
――このままではロスチャイルドの狙う地球独裁体制になってしまう!?

編集協力　小暮周吾
校正　麦秋アートセンター

第1章

お金の歴史

――銀行という詐欺システムが誕生したカラクリ

「お金とは何か？」――国家通貨と地域通貨

まずは「お金とは何か？」を定義する必要がありますが、実はお金の定義というものは、あまりハッキリとしていません。

学者によっていろいろなことが言われていますが、共通している機能としては、①「交換の媒介物」となるもの、②「価値の尺度」となるもの、③「価値の貯蔵手段」となるもの、この三つがお金の三大機能と言われています。その他に重要な機能としては「投機的利益の道具」となるもの、「支配の道具」となるもの等があります。

私たちは通常1種類のお金しか使っていませんが、実はお金の形態は一つではありません。私たちが普段使っているお金、円とかドルとかポンドとか元《げん》などは国が法律で認めているお金で国家通貨（National currency《ナショナルカレンシー》）と言います。その特徴としては強制通用力を持っていること。国によってその効力が定められていて、誰も受け取りを拒否できないものです。国家通貨は汎用性《はんようせい》があり、いつでも、どこでも、誰にでも、何にでも使用できて非常に便利です。

この国家通貨以外に、地域通貨（Local currency《ローカルカレンシー》あるいはCommunity currency《コミユニテイカレンシー》）というものがあります。これは特定のコミュニティで信頼に基づいて発行されるお金の総称です。総称ですから決して1種類のものではありません。

地域通貨には色々な種類があります。地域通貨の特徴としては強制通用力がありませんから、任意、合意によって成立するものであること。もう一つの特徴としては機能が限定されていて、ゼロもしくはマイナス利子であること、さらに使用範囲が限定されていることです。お金の機能を交換と価値尺度に特化させたものになっています。

［セクター別お金の分類］

発行主体	種類	目的
市民	商品貨幣 貝殻貨幣 金属貨幣等	交換手段を得るため
	LETS、WIR、タイムドル等の地域通貨	
	鋳造貨幣	税収を集めるため
企業	紙幣	利潤を得るため

原始的な自給自足経済から物々交換へ

お金の存在しない時代、私たちの祖先は共同体の中で自給自足をしていました。ただ、自給自足というのは、自ら生活に必要なものを全部つくりださなければいけないので、非効率的であり、なかなかの重労働であったりします。

自給自足経済では、その地域で取れないモノがあったり、またモノ自体が不足してしまう場合もありますので、物々交換の必要性が生まれてきます。

ただ、この物々交換というのは、交換の方法としては効率が良くありません。例えば、Aさんは普段、海で魚を捕《と》っているとします。毎日毎日魚ばかり食べているので、たまには「お肉でも食べてみたいなぁ」と思うようになります。そこで、今日捕った魚を持ってBさんの牧場へ行き「魚と牛肉を換えてください」とお願いします。Bさんが魚好きなら問題ありませんが「そんな生臭いものは喰いたくねぇ」とか言われてしまうと交換が成立しません。

しかたなくAさんはお肉を諦《あきら》めて、今度は野菜との交換を目指してCさんの畑に行きます。

「すみません。この魚と野菜を交換してください」

「いやー、魚は好きだけど、この前たくさん交換しちまって、食べきれないぐらい干物《ひもの》にして持っているんだよ」

こう言われてしまうと、やはり交換が成り立ちません。

しかたなくAさんは物々交換を諦めて、家で魚を食べることにしました。しかし、家に帰ってみると既に魚は腐っていたなんてことが起きる場合もあります。

このように物々交換はお互いの欲求や必要性が一致しないと交換がスムーズにおこなえないという不便さがあります。

便利な交換手段としてお金が発明され文明は発達した

そこで発明されたのが、交換の媒介物としての〝お金〟です。

お金とは何かというと、それを持ってくれれば「相当分の何かと交換しますよ」という取り決めだったのです。つまり、突き詰めて言えば、お金の本質は〝情報〟です。お金が発明されたことにより、いつでもどこでも誰とでも何にでも交換ができるようになりました。これは非常に便利ですね。

また、人には好き嫌いや得手不得手があります。例えば、私が絵を描くのが好きで、非常に上手《うま》いとします。しかし、いくら絵が上手くても、お金がなければ、やはり自分の必要とするものは自分でつくらなければなりません。そうすると絵を描く時間もなくなってしまいます。ところが、お金が媒介となることで、私は好きな絵を描いて、それを売り、生活に必要なものを手に入れることができます。

つまり、お金が人と人を結ぶ道具となり、人間は初めて「自分の好きなことをしながら生きていくことができる」という〝自己実現〟の可能性を手に入れます。

こうして交換の媒介物としてのお金が使われることにより分業化が促進されていきました。また、分業することにより専門性が高まり、効率性が向上したり、より高度な技術が開発されたりして、文明が発達していくことになります。

お金の発達史①——日常必需品としての商品貨幣

お金の発達段階は世界各地によって様々ですが、なかば強引にまとめて大まかな流れをご説明します。

まず初めにお金として使われたのは、お米や小麦、塩、油、布、皮、牛、羊など、誰もが生活していくにおいて必要とするモノでした。誰もが必要とするから「交換の媒介物」として成立したわけです。

しかし、これらの商品貨幣は自然物ですから時間と共に品質が悪くなったりします。また、例えば牛がお金だったとして、少額の取引をするたびに切り刻むというわけにはいきませんね。つまり、商品貨幣には劣化するという問題と分割に不便という二つの問題がありました。

お金の発達史②――希少性に基づいた貝殻貨幣

次に世界的に使われたお金は、貝殻《かいがら》のお金です。

タカラ貝などのキレイで粒の揃《そろ》った貝殻は非常に珍しく、アクセサリーとして使われ人気がありました。

なぜ貝殻がお金として使われたかといえば、それはその希少性に基づいています。非常に珍しく、人気があった。だから誰もが欲しがった。誰もが欲しがるから「交換の媒介物」として成立したわけです。

しかし、希少性に基づくということは十分な数がないということです。例えば、交換する品物がたくさんあっても、その媒介物が少なければ充分な交換がおこなえなくなります。さらに、数少ない交換の媒介物を巡って競争が促進されることになります。

お金の発達史③――劣化しにくい金属貨幣

やがて鉱山の発掘技術が発達してくると、金や銀などの貴金属がお金として使われるようになります。

これも希少性に基づいたお金です。非常に珍しく、人気があったので、交換の媒介物として成立したわけです。

金属には、お金として非常に優れた性質がありました。それは、品質があまり劣化せず、分割が割と容易にできるという性質です。品質が劣化せず、長い時間経っても価値が変わらないので、お金に「価値の貯蔵手段」という機能が加わります。

ただ、この頃は金属そのものがお金として使われたので、取引のたびに重さを量ったり、純度を調べたりする必要がありました。本当にこの金属は純金なのか？　何か違う金属が混ざっているのではないだろうか？　という点では、品質に不安があったわけです。

お金の発達史④――信用の裏付けを必要とした鋳造貨幣

そこで次にできたお金が鋳造《ちゅうぞう》貨幣、いわゆるコインですね。

これは重量や純度が一定であるとお墨付きを得たものです。しかし、誰もが勝手にお墨付きを与えられるわけではありません。どこの誰かも知らない人間のお墨付きなんて信用できませんから。

そこで信用があった貴族や国王など時の権力者に貨幣発行権が集中することになります。ここで、重量や純度が一定であるために、お金に「価値の尺度」という機能が加わります。

それと、お金の総量は「どれだけ貴金属が発見されたか」によりますが、誰にどれだけ分配するかを決める権限を、貨幣発行権を持つ国王などが持つことになります。誰にどれだけお金を分配するかを決める権限を自分が持った時のことを想像してみてください。どれだけの大きな権力を手中に収められるか。こうして、お金に「支配の道具」という機能も追加されます。

金細工師の預り証を利用した取引

中世ヨーロッパでは、国王が定期的に鋳造貨幣を回収して、税金として金属を少し削り取ったり、あるいは削り取った分、他の金属を混ぜたりして、新たに刻印し返却していました。この作業を担当したのが金細工師です。金細工師の家には、集められた貨幣を保管する大きな金庫があり、当時のお金持ちたちは、金貨を自分で所持していると泥棒に入られたり強盗に襲われたりするので、金細工師の金庫に金貨を預けていました。金細工師は、その保管料をもらうというビジネスです。

Aさんが Bさんと何か取引をした場合（図1）、Aさんは金細工師へ預り証を渡し、預けてあった金を引き出します。そして、その金でBさんへの支払いをします。

その金を受け取ったBさんは、やはり金を持っていると泥棒に入られたり強盗に襲われたりするので、金細工師の金庫に預けます。そうすると金細工師は、Bさんへ預り証を渡します。

結果だけを見ると、AさんからBさんへ金の所有者は変わりますが、金が金細工師

図１：Ａ氏からＢ氏へ代金を支払う場合

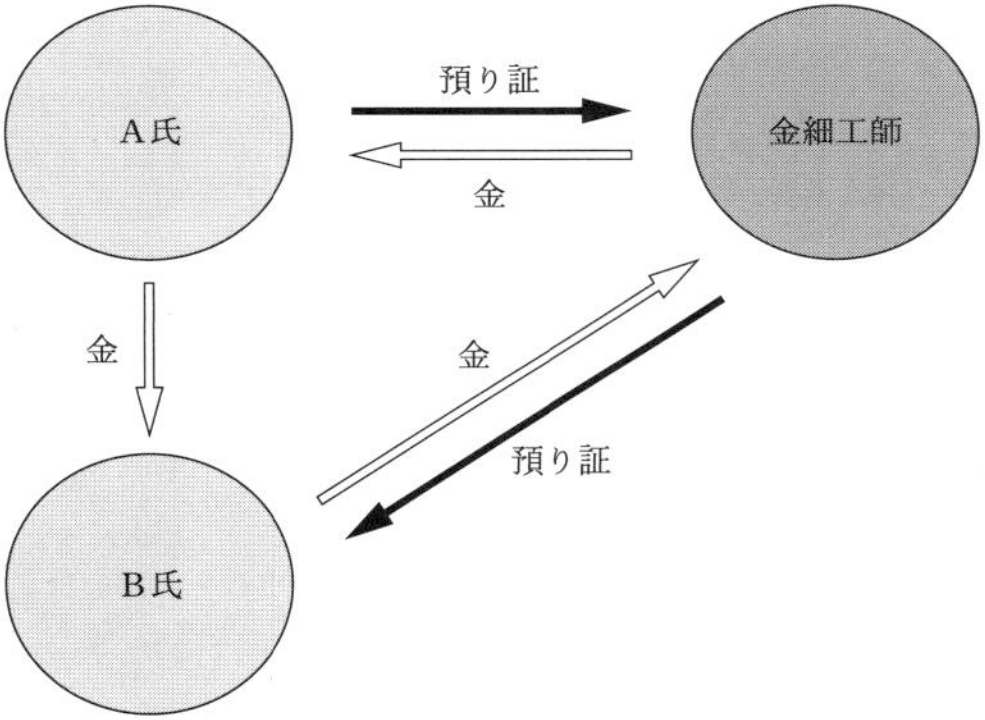

図２：金細工師の金庫の中は同じまま

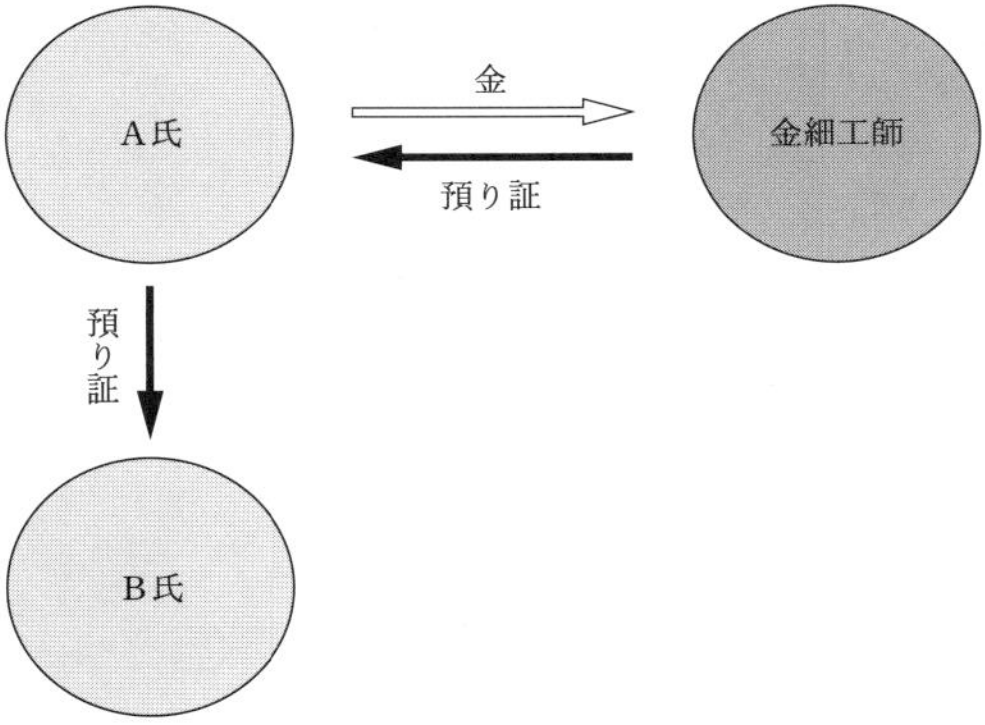

の金庫にあることは変わりません。つまり、AさんからBさんへ預り証を渡せば、結果的には同じこと（図2）になります。

お金の発達史⑤——信用創造から近代銀行制度が始まった

こうして、金の保管所の預り証で決済する方が安全で便利なので、この預り証がお金の役割を持つことになりました。紙幣の誕生です。

ところが、皆が預り証で決済するようになると、金細工師の金庫に金は眠ったままになります。そのことに気がついた金細工師は、この金を裏付けとしてお金に困っている人に紙幣を貸し付け、その利子を取るというビジネスを思いつきました。これが近代的な銀行制度の始まりです。ですから、当時のお金＝銀行券という紙幣は、それを銀行に持っていけば相当分の金と交換できる兌換《だかん》券でした。

こうして、お金は銀行貸付けに基づくお金に変身し、お金は銀行から融資を受けた時につくられるようになります。これを信用創造と言います。

A氏が銀行家から100万円借りて、利子込みで110万円返済するケース

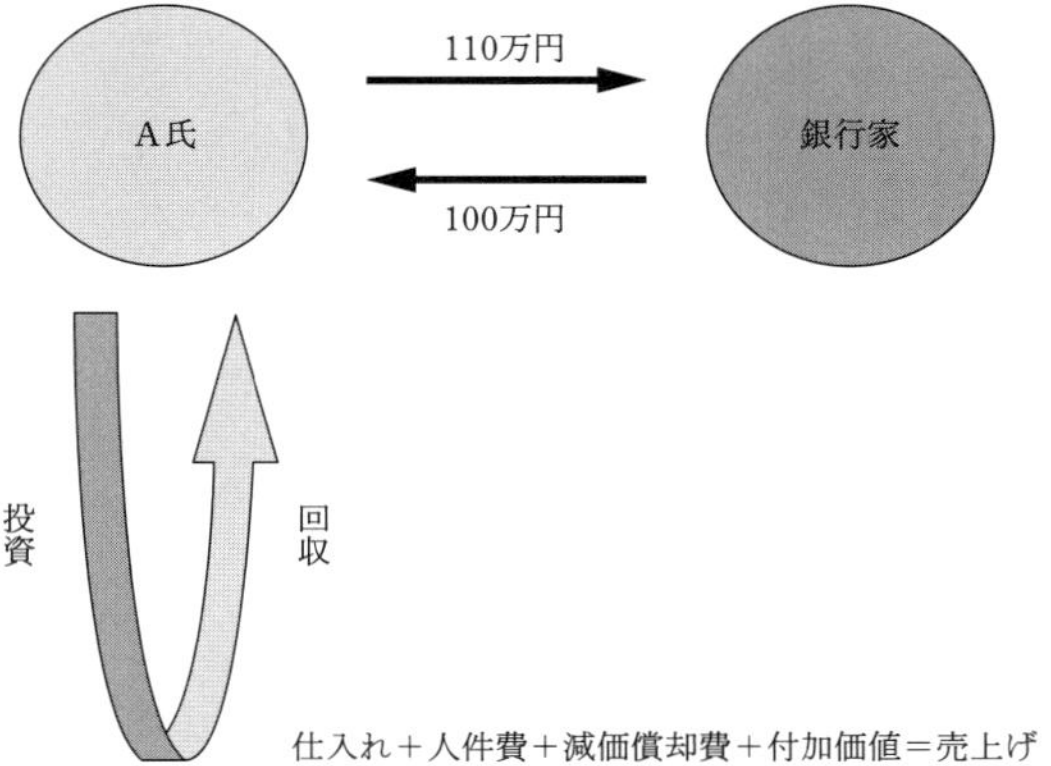

信用創造とは銀行の詐欺行為

銀行の信用創造は将来価値の先取りになります。このことについて少し説明しましょう。

Ａさんが銀行家から１００万円借りて、利子込みで１１０万円返済するケースを考えてみましょう。Ａさんは融資を受けた１００万円を事業に投資します。原材料の仕入れ、人件費、燃料費などの減価償却費のコストに付加価値を加えて売上げを１１０万円あげれば、初めて銀行家に１１０万円を返済することができます。

仮に、１２０万円の売上げをあげれば、初めてＡさんの手元に10万円の資産が残ります。

逆に、もし１１０万円を返済できない場合は、何かしら担保に入れた実物財を没収されることになります。

つまり、信用創造は、Ａさんが将来的に経済活動によって価値を産み出すことを前提に、そこで得られる成果を先取りしている行為なのです。

この時、銀行がおこなう作業といえば、ただ銀行券を印刷して渡すだけです。銀行の

顧客の金を内緒で流用

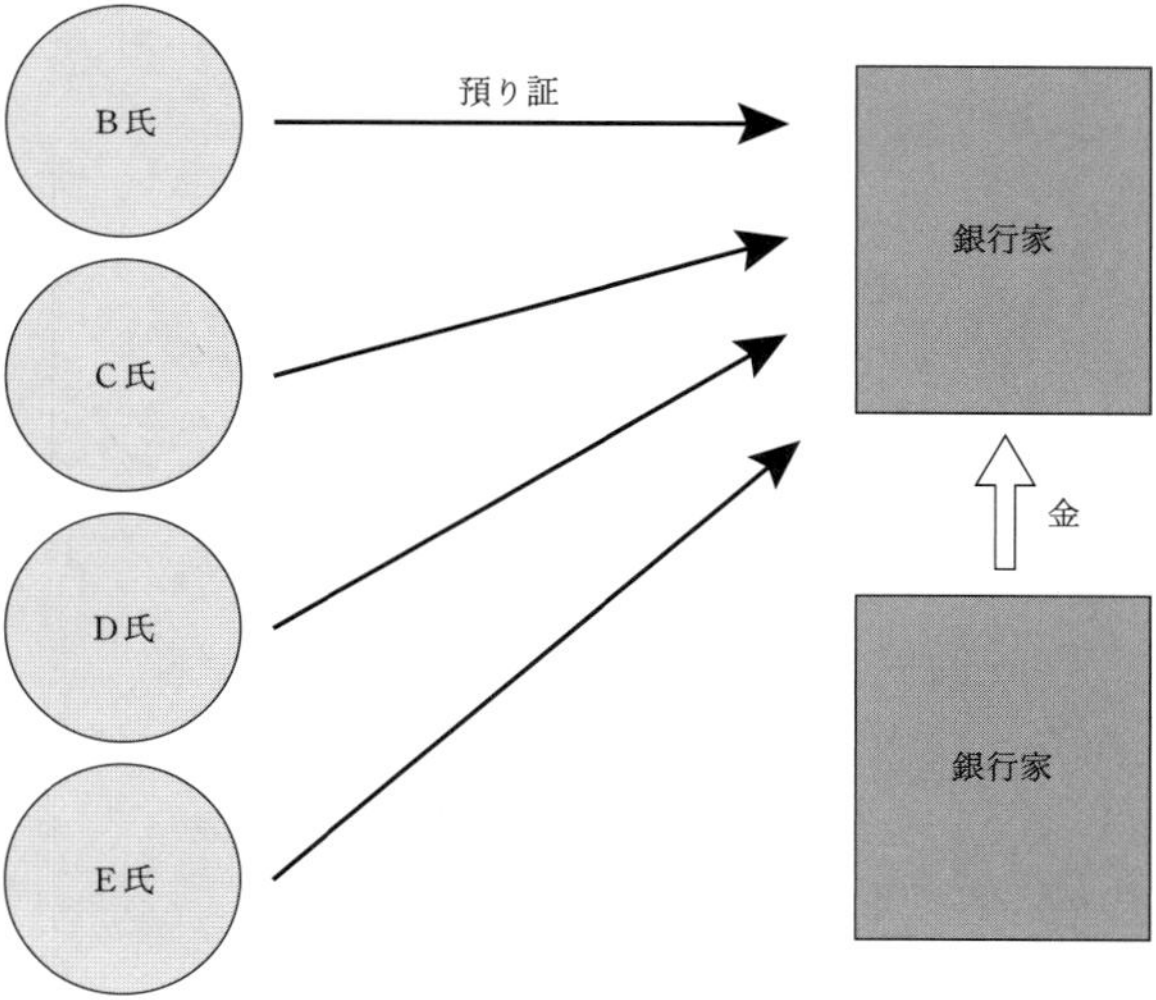

銀行家同士で金を融通しあって、顧客から引き出しの要求が来た時に対応する。
内緒で客の金を運用しあう銀行家の秘密のカルテルが形成されていく。

保有する何かしらの実質的な財を貸し出しているわけではありません。

しかも、この貸付けの元となっている金は、銀行家のモノではありません。顧客の金を内緒で勝手に利用しているのですから、これは詐欺《さぎ》的な行為と言ってもいいでしょう。でも、そのことは秘密にされてきたので、誰からも文句が出ることはありませんでした。

ただ、たまに困ったことが起きました。金の持ち主である顧客が、何かの理由で一斉に金を引き出しに来た時です。銀行家の金庫には、紙幣の分だけの金は存在しません。そういう時には、他の銀行家から一時的に金を借りて、その場を凌《しの》ぎました。逆に、他の銀行で取り付け騒ぎが起きた時は、融通をしてあげます。

こうして後ろめたいことをしている同士、銀行家間で秘密のカルテルを形成していくことになります。一度、引き出された金も、やがてはまた銀行家の金庫へ戻ってきます。そして、もし、この銀行家同士が家族であれば、金は常にこの一族の金庫の中にあることになります。

金融カルテルの形成

この大掛かりな詐欺的行為がバレないためにも、銀行業者の秘密性はさらに高まりました。かくして銀行家カルテルは物質的な金に囚われることなく自らお金を創り出し、それを誰にどれだけ分配するか決める権限を持ったのです。

このようにお金の主流が、銀行が発券する紙幣に変わっていくと、これまでのように国家がお金をコントロールすることができなくなりました。ヨーロッパの君主たちは、お人好しにも、銀行家は大量の金を持っているのだと信じたのです。そして、国家がお金を必要とし、しかし税収をもう上げられないとなると、銀行家から借りるしかないとなりました。

旧約聖書では、「借りる者は貸す人の奴隷となる」と言っています。こうして次々と国家に対して貸し付けることによって、絶大な影響力を手に入れるようになったのが、ロスチャイルド家です。

中央銀行制度の誕生

資本主義の発展と共に多くの銀行が誕生し、それぞれの銀行が預り証として銀行券を発行するようになりました。これまでのようにお金をコントロールすることができなくなった国家は、銀行とある取引をおこないます。それは、政府がお金を必要とする時、銀行は必ず供給する。その代わり、銀行がお金を発行し管理する権利を得るという協定です。こうして19世紀後半から銀行券は中央銀行のみが発券するという制度が誕生し、世界各国へ広まっていくことになります。

中央銀行の役割を知るために１６９４年に設立されたイングランド銀行の例を見てみましょう。

フランスとの長い戦争が続き多額の戦費を必要としていたイギリス政府にウィリアム・パターソンという人物がある財政計画を提案します。それは、民間から１２０万ポンドの資金を集め、８％の利息で国家に貸し付けるというもので、イギリスの戦費を調達する代わりにイングランド銀行という株式会社を設立し、その資金と同額までの銀行券を発行してよいという国王の許可をもらいました。

同時にイングランド銀行は、政府の財政管理も任され、国債市場を整備することになります。こうして中央銀行は「発券銀行」と「政府の銀行」という二つの機能を持つようになりました。

世界恐慌と銀行

1929年、ニューヨークのウォール街で株価が大暴落したのをきっかけに世界大恐慌が起こりました。

経営がおかしくなった企業は、銀行に駆けつけて預金を引き出します。はじめのうちは要求に従っておとなしく銀行券を渡していた銀行も、苦しくなった企業が増えるにつれ、預金引出しを渋るようになりました。

そうなると預金を引き出すのに銀行券をもらうのが不安になり「金《きん》（金貨）で返せ」というようになります。しかし、それだけの金貨が銀行にはありませんでした。前述のように、銀行は手持ち以上の銀行券を発行していたのです。ますます銀行券は信用されなくなり、兌換要求に応じられない銀行は倒産に追い込まれました。

そうなると倒産した銀行に預金していた企業や融資を頼っていた企業も巻き添えになり、倒産してしまいます。このように倒産の嵐が吹き荒れ、失業者が街にあふれてしまったのです。こうして大恐慌が原因となり、主要各国の金本位制は崩壊しました。

この時に、第一次地域通貨ブームとも言うべきムーブメントが起こります。オーストトリアのヴェルグルやドイツのシュヴァーネンキルヘンでの成功事例を見て、世界各地で地域通貨がつくられました。この時期アメリカだけでも4000もの地域通貨がつくられています。

いろいろなタイプの地域通貨がつくられましたが、成功したものは2種類で、一つは地方政府が主体となって必要な公共事業を起こし、その労働に対して地域通貨を支払うというタイプのもの。もう一つは、企業が自ら生産した財を担保として発行したタイプの地域通貨です。しかし、いずれも「国家の通貨システムを乱す」という理由で禁止されてしまいました。

第二次世界大戦とゴールド

その後、世界は混沌のままに第二次世界大戦に突入していきます。

戦後、世界の金《ゴールド》の65%が米国に集中したそうですが、その理由の一つは、第二次世界大戦が膨大な物資の消耗戦であり、米国がその資源供給国となったため。もう一つは、それまでの金融の中心地であった英国から米国に資金が移動してきたためと言われています。

金《ゴールド》が米国に集まっていたことが決め手となり、1944年に開かれたブレトン・ウッズ会議で、米国は世界の銀行という役割を担うことになります。ドルが世界の基軸通貨となり、「米ドルのみが金と交換可能で、他国のお金は米ドルと交換できる」という金為替《きんがわせ》本位制がとられることになりました。

翌年に開かれたヤルタ会談では、戦後の世界統治について話し合われ、資本主義諸国を米国が、共産主義諸国をソ連が統治していくことが決められ、米国は世界の警察という役割も担うようになります。

そして戦後、同盟国の復興や軍隊派遣でドルが大量に国外へ流出していくことになります。

金本位制の崩壊

米国は、金の準備量をはるかに超えたドルを発行して世界中にばら撒いたため、金との交換を保証できなくなりました。

そして1971年、当時の大統領ニクソンが、ニクソン・ショックと言われるドルと金の交換停止を発表します。これにより金為替本位制は崩壊。お金はこれまでの兌換券から不換券へと転換しました。お金の裏付けとなるものが何もなくなったのです。金という物的制限を失ったお金の発行量は際限なく膨れ上がり、金融市場はまるで糸の切れた凧《たこ》のように不安定なものとなっていきます。

グローバル・カジノ

では、お金の価値は何によって決められるかというと、需要と供給のバランスによって価値が決まる変動相場制がとられるようになりました。

この頃からコンピューターの発達に乗って投機が過熱していきます。お金自体が商品となり、「投機的利益の道具」となったのです。コンピューター上の数字となったお金は、一瞬たりとも休む間もなく利潤を求めて世界中を駆け巡るようになりました。年間の通貨取引量は300兆ドル（約3京6000兆円）にまで膨れ上がり、これは全国家のGDPの10倍もあって、お金は地球を数個も買うことができるような状態となりました。

この実物経済からかけ離れ巨大に膨れ上がった投機マネーが、1990年代後半に世界各国で金融危機を引き起こすことになります。

そしてまた、国家通貨で生活できなくなった人たちの間で、地域通貨が復活し始めました。

第2章 お金の問題点

——利子という椅子取りゲームが貧富の差を生んだ！

ある寓話から

お金の問題点を知るために、一つの寓話から話を始めましょう。

あるところに、自給自足をしていて、足りないものは物々交換で補っている100人ほどの小さな農村がありました。

そこへ、どこからともなく見知らぬ男が現れます。

男は村中をブラブラしながら、しばらく村人たちの生活を観察していました。

素朴で疑うことを知らない村人たちは、不審な男へも笑顔で挨拶《あいさつ》し、決して豊かとは言えない生活にもかかわらず、家に招いて食事を御馳走したり、寝場所を提供してあげたりしました。

何日か過ぎて、男は村人を集めてこう話し出しました。

「皆さんはなんて原始的な生活をしているのでしょう。私が良いモノを教えてあげましょう」

そう言って、あるモノを皆に配り始めました。

「これはお金というものです。これを使えば交換がスムーズにおこなえます」

さらに男は、野菜作りが得意な人は八百屋を、狩りが得意な人は肉屋を、釣りが得意な人は魚屋を、料理が得意な人はレストランを、お菓子作りが好きな人にはケーキ屋を、花が好きな人には花屋を、手先の器用な人には大工を、きれい好きな人には掃除屋をと、各人がお店を開くことを勧めました。

それまでは自分の生活に必要なモノを各人がバラバラに作ったり調達したりしていたのですが、男が置いていったお金を使って交換をすることにより、それぞれが自分の得意なことや好きなことを活かして生活ができるようになりました。

また、作業を分担することにより、村人同士のつながりも密接になり、静かだった村に活気が出てきました。

1年が過ぎて、再び男が現れ、村人を集めてこう言いました。

「どうです? お金があると便利でしょ? 申し遅れましたが、実は私、銀行家です。この前、皆さんに10万円ずつお貸ししました。来年、また来ますので、それまでに利子をつけて11万円を返してください。もし返していただけない場合は、お店の権利をいただくことになります」

お金のある生活にすっかり慣れてしまった村人たちは、昔のような自給自足の生活に戻る気はありません。お金を貸してくれた銀行家に御礼を支払うのは当然と、利子をつけて返済することを了承しました。

再び日常生活に戻り、いつもどおり商売に励む日々が続きました。しかし、なんとなく手元のお金が気になります。すでに11万円持っている人は、お金を減らさないようできるだけ使わないことにしました。また、11万円持っていない人は、足りない分を何とか稼ごうと、もっと儲かる方法はないかとアイディアを捻《ひね》る人が出てきました。

返済日が近づくにつれ、11万円持っていない人は焦り始めます。

「どうしよう？　このままだとお店を没収されてしまう……」

こうして仕事の目的が、これまでのように人々が必要とするものを提供することではなく、お金を稼ぐことに変わっていきました。

そして、相手が必要としているかどうかなんて関係なく、とにかく売ってお金を儲けることを目指すようになります。

なんとなく村人同士の関係もギクシャクしてきました。

1年が過ぎ、銀行家は再び村へ戻って来ました。

「さぁ、皆さん、約束どおり、利子を付けてお金を返してください」

10万円を100人に貸したので、村にあるお金は1000万円です。しかし、銀行家へ返すお金の総額は1100万円。当然、返済できない人が出てきます。

結局、村人の3分の2が返済できませんでした。村人の中に「勝ち組」と「負け組」が誕生します。

銀行家は「負け組」の人たちに向かってこう言います。

「またお金を貸してあげてもいいですが、皆さんはどうも商売が上手ではないようです。リスクが高いので、今度は利子を20％にして12万円を返してもらいます。ただし、今度こそ返していただけない場合は、お店の権利をもらいますよ」

銀行家は返済の誓約を得て、再び村人にお金を貸し付けて行きました。

「では、また1年後に」

本来は存在しない利子返済

この寓話は、お金の問題点を理解しやすくするために、その仕組みを非常に単純化してストーリー仕立てにしたものです。もちろん実際のお金の仕組みはもっと複雑ですが、基本的な構造は変わりません。では、復習してみましょう。

図1は銀行によるマネー回路を図にしたものですが、まずは貸出し局面です。お金を必要としているAさんが銀行からお金を借ります。その際、Aさんは融資金額に相当する担保を銀行に入れます。Aさんは、基本的には企業ですね。

Aさんは銀行から借りたお金を使って事業のために投資します。人件費や原材料費やら設備投資などですね。ただ、分散するとわかりづらいので図では一本化してあります。

AさんはBさんにお金を渡し、Bさんから何かしらの財かサービスを受け取ります。BさんはAさんから受け取ったお金をCさんとの取引の時に使用し、Cさんから何かしらの財かサービスを受け取ります。

以下、同様にDさん、Eさん、Fさんと取引が繰り返され、最終的にFさんがAさんの生産した財かサービスを受け取った時、Aさんにお金が戻ってきます。

続いて図2の償還《しょうかん》局面です。Aさんは銀行から借りたお金、元本に利子を付けて返さなければなりません。返せなければ担保に入れていた資産を取られてしまいます。しかし、このマネー回路の中に利子分のお金はありません。元本だけです。**利子を付けて返すには、他のマネー回路から、利子分のお金を持ってこないといけません。**

つまり、**利子とは単なる数字であって、実際には存在しないお金**なのです。これは椅

図１：銀行のマネー回路（貸出し局面）

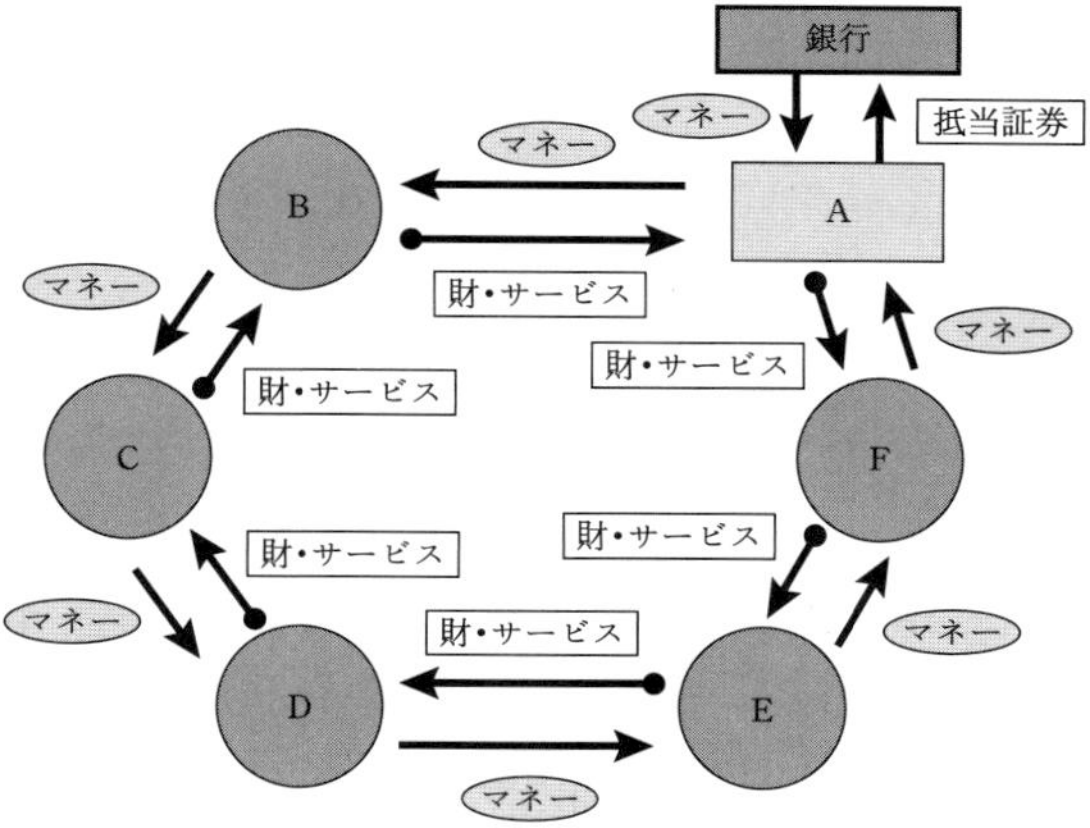

図２：銀行のマネー回路（償還局面）

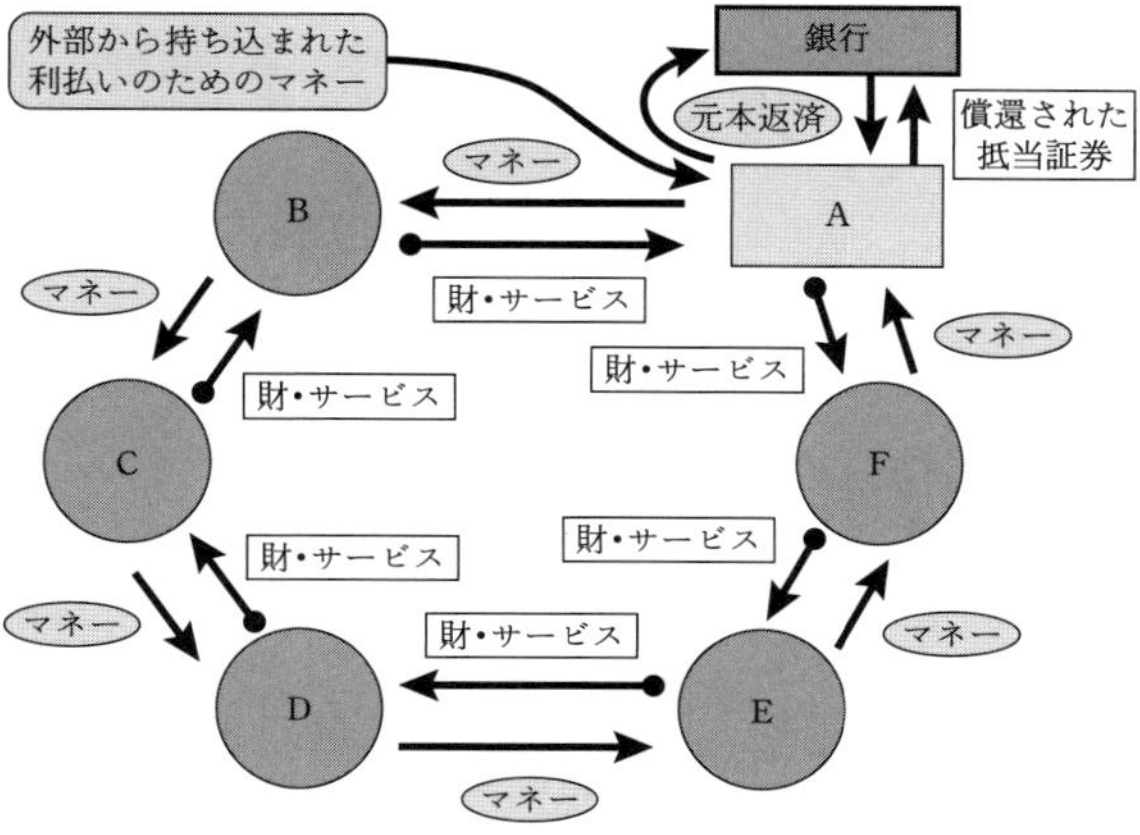

子取りゲームにたとえられます。皆が椅子に座ろうとするけれど、全員分の椅子はありません。必ず椅子に座れない人が出てきます。

寓話の中で、初めに利子を付けず男が村人にお金を与えた時の状態を図にしたものが、図3の地域通貨のマネー回路です。お金は、この回路の中をグルグル回っているだけの状態です。つまり、**地域通貨とは、財やサービスの等価交換システム**なのです。

もちろんこの中にもお金儲けの上手い人、下手な人がいます。多少の貧富の差というのは出てくるでしょう。一番の違いは、このお金は借金ではないので、貨幣システムのせいで破産したり、私財を没収される人が出て来たりしないところです。

現在のお金のシステムでは破綻は不可避

利子はバーチャルな数字であって、実体のないお金です。**利子分のお金は、椅子取りゲームのように、誰かから奪わなければ支払えません**。だから、椅子を巡って激しい競争がおこなわれます。

そして、全体で見れば貸出し金額より返済金額の方が常に大きい。**借金を完済しようと思えば、さらに新たな借金をしないとできない仕組み**になっています。これを「**無限**

図３：地域通貨のマネー回路

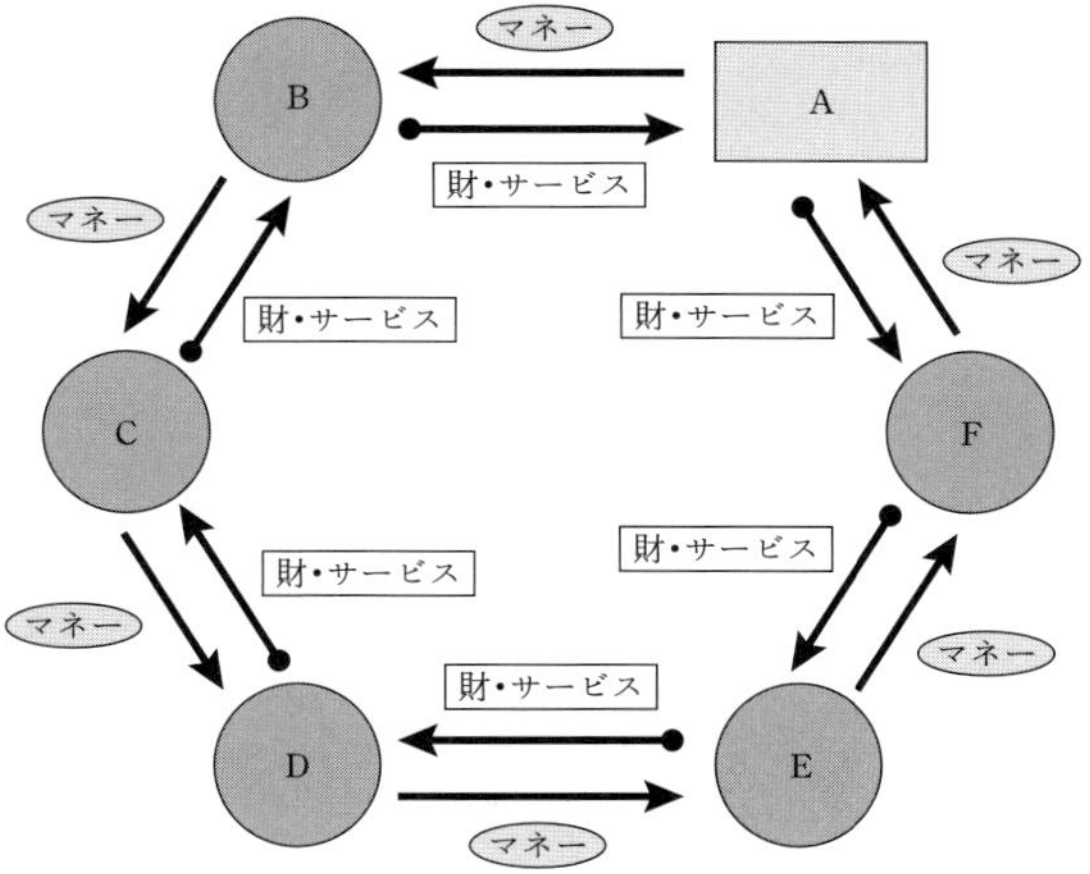

の借金ループ」と呼びます。

フォード自動車の創業者ヘンリー・フォードは「金融業者たちの目的は、消滅不可能な債務の創造による世界支配である」と語っています。

どんな事業をおこなうにも、まずは資本の調達が必要です。株や社債を発行したり、金融機関から借り入れたり等の方法がありますが、これらのお金には必ず利子が付きます。

この利子を誰が支払っているかと言えば、直接的にはお金を借りた事業者ですが、実際には利子や配当も経費として価格に含まれるので、間接的に私たち消費者の誰もが負担しているのです。ドイツでおこなわれた調査では、商品やサービス価格の25〜35%は、利子ないし資本部分ということでした。

例えば、10万円借りて元本の10万円のみ返せばよいのなら、経済は均衡を保ったまま、お金と、その反対方向に財やサービスが循環するだけですが、10万円借りて元本＋利子で11万円返さなければならないとなると、1万円分売上げを増やさなければならない。つまり経済成長しなければならなくなります。利子の返済によって経済成長が強制されると言ってもよいかと思います。

さらに、このシステムでは利子率を上回る収益を出せる事業にしか投資できないという問題があります。しかし、必要な事業が必ずしも収益を出せるわけではありません。収益は出ないけれども私たちにとって必要な事業というのはたくさんありますが、銀行家が通常そういう事業に投資することはありません。

それと、ご存知のとおり、地球は有限です。

私たちの経済活動というのは、地球という閉鎖空間の中でおこなわれ、その地球自体が持つ生産能力および浄化能力の範囲内でしか持続的におこなうことはできません。この資源循環を超えて経済成長を続けていけば、やがて環境的破滅に行き着きます。

つまり、**今の貨幣システムでは、経済的な破綻《はたん》か環境的な破滅か、どちらかという選択肢しかありません。**

経営者ならば誰もが経済的な破綻を避けたいと思うはずです。自分や家族だけでなく社員やその家族の生活までも、その双肩にかかっているのですから。目前の問題である経済的破綻を避けるために、とりあえずは将来的な問題である環境を犠牲にしてしまうのも仕方のない選択なのかもしれません。

かつては、経済が成長すれば皆が豊かになるとされていました。しかし、実際には経済格差が拡大するのみで、一部の富者と大多数の貧者に分かれてしまいました。貧者が増えれば消費が止まり、成長も止まります。

このような行き詰まりを解消するために、戦争で全て破壊して一からつくり直す「スクラップ＆ビルド」といわれる愚かな行為がおこなわれる要因にもなります。

経済成長がもたらすもう一つの問題は、時間との兼ね合いです。一日は24時間、一年は３６５日でしかありません。来年になったら一年が３８０日になるなんてことはあり得ません。時間は不変だけれども、売上げは伸ばし続けなければならない。価格を上げれば競争に負けてしまいますから、簡単に値上げすることもできない。そうなると、おこなわれることは、効率化、合理化、リストラというものです。一定の時間の中でぎゅっと作業を圧縮しておこなうことになります。

リストラとして最もおこなわれていることは人件費の削減、つまり人を減らすことです。だから、一方では精神に変調をきたしたり、過労死するほど忙しい人がいたりするなかで、他方では仕事のない人が溢《あふ》れるという現象が起きます。

この先、ますますRace to the bottom《レーストウザボトム》「最低水準へと向かう競走（引き下げ競走）」と呼ばれる状態が加速していくでしょう。つまり、いかに長時間、安い賃金で、過酷な労働をさせるか、底辺に向けての競走がおこなわれる社会です。

本当の「勝ち組」は銀行家

再び先ほどの寓話を振り返ってみましょう。

「負け組」は圧倒的に不利な状態に置かれます。お金を必要としているところには、さらに高い利子が付きます。しかし、もともと返済能力の低い人に、さらに高いハードルを設けるわけですから、再び返済不能に陥る可能性は、当然高くなります。

「負け組」と呼ばれる人は、自分の存在価値を見失ったり、社会や人間への不信感を募らせたりすることになるでしょう。それは、モラルの喪失や、犯罪や自殺の原因ともなります。

最近「誰でもいいから殺したかった」と無辜《むこ》の人々を道連れにする凶悪な犯行が目立ちます。もちろん本人の責任が一番大きいのは確かですが、その人たちを追い詰めた社会状況を変えない限り、このような凶行は今後も増え続けるのではないでしょうか?

社会の中に経済的弱者が出れば、通常は社会保障で救済します。つまり、経済的弱者が増えるほど、まじめに働く納税者の負担が増えることになります。

寓話の中の「勝ち組」を現実社会に当てはめれば資本家といってもいいでしょう。資本家には有利な選択肢があります。その地域に貧しい人が増えて売上げが伸びなくなれば、更なる利益を求めて移動することができます。

また、人件費を安く抑えるために、生産拠点を移すことも自由です。しかし、住民はそれに伴って移動するというわけにもいきません。資本家が地域の外に出れば、この地域からお金や雇用がなくなって、さらに貧しい状態に置かれます。

ただ、先ほどの寓話での本当の「勝ち組」は、実は資本家ではありません。誰だかわかりますか？

そう。銀行家です。銀行家が何をしたかと言えば、ただお金を印刷して配っただけ。それだけで村人の労働の成果である元本＋利子、あるいは破産した人からはお店の権利をもらいました。実においしい商売です。

地方から中央へのお金の転移

ここまで銀行による貨幣システムの問題点を見てきましたが、私は何も銀行員がみんな悪いと言っているわけではありません。おそらく銀行に勤めている方は、真面目で勤勉な方がほとんどでしょう。問題はシステムなのです。

図４：地方から中央へのお金の転移

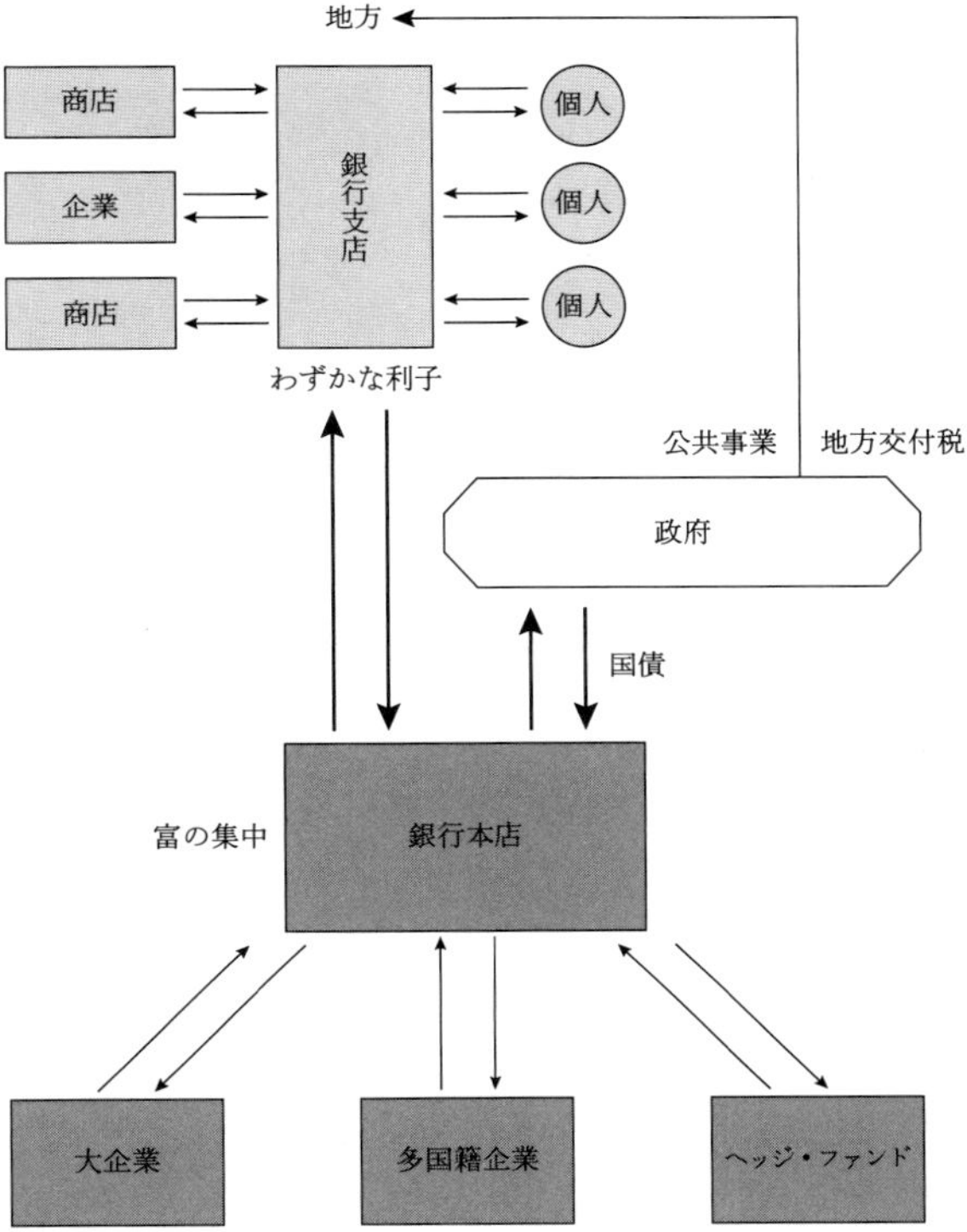

銀行は利潤目的の機関であり、決して国民の生活を守るために設けられた機関ではありません。

銀行システムを通した、地方から中央へのお金の転移について見ていきましょう。

地方で、企業や商店、あるいは個人が一生懸命働いて稼いだお金は、銀行の支店に預けられます。

この預金は各支店から中央の本店に流れてゆき、本店は安全・確実に資金を増やすために、大企業や多国籍企業に貸し付けたり、あるいはヘッジ・ファンドなどで運用したりします。

そこで得られた利益の一部が預金者にわずかな利子として還元されますが、地方の企業に投資されることは、あまりありません。

しかたなく政府が再分配機能を発揮して、地方交付税や公共事業という形で地方にお金を流します。本来なら、その資金は税収から捻出《ねんしゅつ》するものですが、現在その余裕はなく、国債を発行して、その原資としています。

こうして地方へ流したお金も、やはり銀行の支店に預けられ、同じような経緯をたどって、大企業や多国籍企業、投機家を太らせ、地方を痩せ衰えさせる結果となります。

こうして見てきたとおり、現在起きている多くの問題は、ほとんどが貨幣システムに起因していることをご理解いただけると思います。

アインシュタインは「問題は、その問題を引き起こした考え方と同じ考え方をしているうちは解けない」という有名な言葉を残しています。

つまり、このシステムに手を付けない限り、自民党だろうが民主党だろうが、誰が政権を取っても、何をやっても状況は変わりません。問題を解決するには、まったく違う発想をする必要があります。

第3章

金融の歴史

——国家の命運は銀行家が握っている

ユダヤ教徒への迫害から生まれた金融システム

金融の歴史についても、ごく簡単にまとめてご説明しておきましょう。

国際的な金融システムを最初につくりあげたのはユダヤ人でした。

昔のヨーロッパのキリスト教社会では、ユダヤ教徒たちは「キリストを十字架にかけて殺した罪人」として迫害されていました。ほとんどの職業に就《つ》くことが禁止され、土地を持つことも制限されたため、農業をおこなうこともできませんでした。

唯一の許された職業が、キリスト教徒から忌《い》み嫌われていた利子を取り扱う職業＝高利貸し（質屋）や金塊の保管人、両替商（貿易決済業）などでした。

当時、ユダヤ教もキリスト教やイスラム教も、利子の徴収は原則として禁じられていたのです。利子を取ることの弊害を経験的に知っていたのでしょう。しかし、ユダヤ教だけは例外として、異教徒から利子を取ることを許されていたのです。

何故ユダヤ教だけが例外だったかと言えば、ユダヤ教徒は異教徒を人間として認めていなかったからです。後述する「タルムード」に書かれているように、相手は人間じゃないから何をしてもよいという発想があったのではないでしょうか？

中世になってルネサンスや宗教改革が起こり、政治と宗教が分離され、キリスト教会から国王に司法権が移り、その後、フランス革命などを経て国民が力を持つようになりました。教会は国民の経済活動に口が出せなくなり、利子を取ることは罪悪ではなくなりました。ところが、それまで利子は罪悪だっただけに、金融の技術はユダヤ人の専売特許だったのです。

ユダヤ人は弾圧を受け、世界中に拡散していきました。この離散状態を生かし、貿易決済業にたずさわるようになり、為替技術を発達させます。そして、保険や株式会社、債券、銀行券などを発明していくことになります。

このように、現在の金融業は、ユダヤ人の迫害から生まれてきたともいえるものです。ユダヤ人は自らの構築した金融システムのノウハウを積極的に提供していきました。それが、産業革命という時代の波にのり、資本主義を世界に広めていくことにつながります。

産業振興や侵略戦争など、国家の運営に必要な資金を最も上手に調達できるユダヤ人は、ヨーロッパ各国の王室にとって必要不可欠な存在となり、国家財政や金融政策を担うようになりました。その中でも最も強大な影響力を持った存在、それがロスチャイルド家の人々でした。

国家と企業と銀行の力関係

金融資本とは、銀行資本が産業資本と結合して、経済を独占的に支配する資本形態のことを言います。銀行資本は、いわば口座の中のバーチャルな数字です。それ自体が何か実質的な富を生み出すわけではありません。銀行資本は産業資本と結合することにより、はじめて実質的な富を手に入れることができます。

どんな事業をおこなうにしても、まずは資本＝お金が必要となります。自己資本を持っているお金持ち以外は、銀行から融資を受けるか、株券を発行するか、債権を発行するか、いずれにしても金融機関を通さなければなりません。銀行から融資を受ければ、銀行は企業の債権者となります。その経営状態を把握することもできますし、その状態がよくなければ経営について口をはさむ権利があります。つまり、力関係を図式にすれば、「銀行＞企業」となります。

また、私たちのお金は、銀行に預けると金融資産となります。銀行は、預かったその金融資産の運用権を持ちます。その金融資産を運用するため、銀行は株券を購入します。株券は企業の所有権ですから、銀行は企業の所有権を持つことになります。つまり、ここでも「銀行∨企業」という関係になります。

続いて国家と企業の関係について見てみましょう。国家の収入は税金から得ることになっています。税金がなければ国家経営が成り立ちません。その税金は、所得税にしても消費税にしても物品税にしても、企業が営利活動をおこなうからこそ得ることができるものです。

また、政治家レベルで考えてみても、政治活動および選挙活動にはお金が必要です。これもよほどのお金持ちでもない限り献金がなければ成り立ちません。この献金も企業が営利活動をおこなうからこそ得ることができるものです。

要するに、国家は企業が利益を出さなければ運営ができない〝経済的に依存《いぞん》している存在〟ですから、国家は企業が利益を出しやすい環境を整えなければならなくなります。つまり、力関係から言えば、「企業∨国家」となります。

こう考えてみると三者の力関係は「銀行∨企業∨国家」となります。

法律的な見地からすれば、国家が銀行や企業の存在を認め、その営利活動を許しているからこそ銀行も企業も成り立っているのですが、国家が経済の分野を民間に委《ゆだ》ねてしまっているので、建前としては国家が最高位にいても、実質的には銀行や企業の方が上位に位置してしまいます。つまり、貨幣経済社会においては、お金を持ち、それを操作できる力（＝金融力）を持つ者が最も強大な権力を持つことになるのです。

その中で、世界中に金融資本の閨閥《けいばつ》を張りめぐらし、最も強大な金融力を持つ一族、それがロスチャイルドなのです。フランス革命以降、地球はロスチャイルド家を中心に回ってきたと言っても過言でないかもしれません。

第4章

ロスチャイルドの世界革命行動計画

秘密会議で決定され現代にも影響を与える25の計画案

初代ロスチャイルドの名前はマイヤー・アムシェル・ロスチャイルド。1744年にドイツのフランクフルトのゲットー（ユダヤ人の強制居住区域）で生まれます。この頃、迫害されていたユダヤ人たちは、狭いゲットーに押し込められていたのです。

そのマイヤー・アムシェルが30歳の時、フランクフルトに12人の実力者を招いて秘密会議を開いたと言われています（*3）。どんな会議かと言えば、全世界のマン・パワーと資源を独占的に支配するための計画が話し合われ、25項目から成る「世界革命行動計画」と呼ばれるアジェンダ（行動計画書）がスタートしたのです。

世界を支配するなんて、まるでマンガや映画のような話で、普通ならば誇大妄想狂のように思えます。

古い記録なので、この会議が本当におこなわれたのかどうかは確かめる術《すべ》がありません。ただ、その真偽より重要なのは、この一族と同盟者たちが、代々このアジェンダを忠実に実行していったように見えるという事実です。

では、少し長いですが、そのアジェンダを要約してご紹介いたします（ウィリアム・

マイヤー・アムシェル・ロスチャイルド

「私に一国の通貨の発行権と管理権を与えよ。そうすれば誰が法律を作ろうとそんなことはどうでもよい」と豪語したマイヤー・アムシェルは、世界の富を独占するための計画を密かに練っていた。

ガイ・カー『教科書が絶対に教えない闇の世界史』成甲書房より)。

① 人間を支配するには暴力とテロリズムに訴えると最善の結果が得られる。権力は力の中に存在している。

② 政治権力を奪取するには「リベラリズム」を説くだけで十分である。そうすれば有権者は一つの思想のために自らの力、特権を手放すことになり、その放棄された力、特権をかき集めて手中に収めればいい。

③ 大衆はどのようにして自由を享受《きょうじゅ》すればいいのかわからない。「自由」という思想を利用すれば「階級闘争」を生じさせることも可能だ。

④ 最終目標に到達するためには、ありとあらゆる手段を正当化できる。率直さや正直さといった国民としての立派な資質は政治に支障をきたすから、支配者となろうとする者は狡賢《ずるがしこ》さ、欺瞞《ぎまん》に訴えなければならない。

⑤ 我々の権利は力の中にある。私が見出している新たな権利とは、強者の権利によって攻撃する権利であり、既存の秩序、規律のすべてを粉砕し、既存のすべての制度を再構築する権利である。

⑥ 我々の富の力は、いかなる狡賢さ、力によっても損なわれないような強さを獲得す

る時まで、表面化しないよう保たれなければならない。戦略計画の基本路線から逸《そ》れることは何世紀にも及ぶ営為を無にする危険性がある。

⑦ 群集心理を利用して大衆に対する支配権を獲得すべきだ。

⑧ 酒類、ドラッグ、退廃的道徳、あらゆる形態の悪徳を代理人を通じて組織的に利用することで、諸国家の若者の道徳心を低下させなければならない。賄賂もペテンも裏切り行為も、それが我々の目的達成に役立つのであれば、続けられなければならない。

⑨ そうすることで服従と主権を確保できるなら、何がなんでも躊躇《ためら》うことなく財産を奪い取る権利が自分達にはある。

⑩ 我々は「自由・平等・博愛」という言葉を大衆に教え込んだ最初の民族である。ゴイムは難解さゆえにこの言葉の意味とその相互関係の対立に気づくことさえない。ゴイムの自然発生的で世襲的な貴族社会の廃墟《はいきょ》の上に、我々は金による貴族社会をつくりあげた。それは我々の拠り所、すなわち富を参加資格とする貴族社会である。

（※ゴイムというのはゴイの複数形で、ゴイとは非ユダヤ人のことを指します。また家畜とかブタという意味もあります）

⑪ 自ら戦争を誘発しながら、敵対するどちらの側にも領土の獲得が生じない和平会議を主導しなければならない。戦争は対立する双方の国家がさらに負債を抱え込み、我々

の代理人の手中に落ちるよう主導されなければならない。

⑫ 財を活用して、我々の要求に素直に従い、ゲームの駒となって、政府を陰で操ることを我々から任じられた人物を選ばなければならない。

⑬ 誹謗《ひぼう》、中傷《ちゅうしょう》、偽の情報を流したことでどのような波紋が広がろうと、自らは姿を隠したまま、非難されることがないようにしなければならない。大衆への情報の出口すべてを支配すべきである。

⑭ 貧困と恐怖によって大衆が支配された時には、常に代理人を表舞台に立たせ、秩序を回復すべき時が来れば、犠牲者は犯罪者や責任能力のない人々の犠牲となったと解釈されるよう、事を進めなければならない。計算済みの恐怖支配が実現した時点で、犯罪者や精神異常者を処刑すれば、我々自身を抑圧された人々の救世主として見せかける事ができる。実際のところ、我々の関心は正反対で、減らすこと、すなわちゴイムを殺害することにある。

⑮ 我々の力を行使すれば、失業と飢えがつくりだされ、大衆にのしかかる。そうすれば、確実な資本の支配力が生じる。

⑯ フリーメーソンのブルー・ロッジ内部に大東社《だいとうしゃ》を組織して破壊活動を実行しながら、博愛主義の名のもとで、自らの活動の真の意味を隠すことは可能である。大東社に参入

するメンバーは、ゴイムの間に無神論的唯物主義を広めるために利用されなければならない。

（※フリーメーソンには33階級あって、下から三つが徒弟・職人・親方という階級になっています。この3階級のことをブルー・ロッジと言い、つまり一般的なフリーメーソン会員の集会場という意味です。大東社というのは英語ではGrand《グランド》 Orient《オリエント》 Lodge《ロッジ》であり、Grand《グランド》には統括するという意味がありますので、東洋を統括する支部ということだと思います。現在はフランスのフリーメーソン本部がGrand Orient Lodgeと名乗っています）

⑰ 代理人は大衆受けのするスローガンを生み出せるよう訓練されなければならない。大衆には惜しみなく約束しなければならないからである。約束された事と反対の事は、のちになれば常におこなえる。

⑱ 恐怖支配は、手っ取り早く大衆を服従させるもっとも安上がりな方法だ。

⑲ すべての戦争のあとには、秘密外交が主張されなければならない。秘密外交によって、我々の代理人が関わらないかぎり、諸国家は些細な個人的取り決めさえも結ぶことができないような支配権が確保されなければならない。

⑳ 最終目標である世界政府に到達するためには、大規模の独占、莫大な富の蓄積が必

要とされるだろう。

㉑　ゴイムからその不動産、産業を奪うため、重税と不当競争を組み合わせてゴイムの経済破綻を引き起こさなければならない。国際舞台においてゴイムが商売ができないように仕向けることは可能である。つまりは原材料の巧みな支配、短時間労働および高賃金を求める労働運動の普及、競争者の助成によってそれは実現できる。

㉒　最終的には、我々の運動に尽くす少数の金持ち、および我々の利益を守る警察と兵士と、プロレタリアートの大衆が残ればいい。ゴイムに殺し合いをさせるため、大々規模の武装増強が開始されなければならない。

㉓　世界統一政府のメンバーは独裁者によって任命され、科学者、経済学者、財政専門家、企業家、大金持ちの中から選出される。

㉔　代理人はその誤りを我々が承知している理論、原則を教え込むことで、社会の若年層の精神を惑わせて腐敗させる目的で、あらゆる階級、あらゆるレベルの社会、政府に潜入しなければならない。

㉕　国家法および国際法を利用しつつ、ゴイムの文明を破壊しなければならない。我々に対してゴイムが武装蜂起する前に、恐怖の組織を諸国家の各都市に組織することにいたしましょう。

この戦略を理解すれば、世界で起きている不可解な事件の数々が理解しやすくなると思います。

ところで、世界革命行動計画の⑥番に「戦略計画の基本路線から逸れることは何世紀にも及ぶ営為を無にする危険性がある」とあります。つまり、この計画は何もロスチャイルド一族に始まったものではないようです。ユダヤ人学者クリストファー・ジョン・ビェルクネス(＊4)によれば、栄華を極めた古代イスラエルのソロモン王の時代、BC929年には、世界を平和的に支配する理論上の計画がつくられていたそうです。

ただ、そこまでいくと神話のような話になってしまうので、本書では初代ロスチャイルドから話を始めたいと思います。

ユダヤ人とは誰か？

ロスチャイルドは勿論、世界の有力な銀行家、政治家、官僚、シンクタンク、高名な学者、そしてマスコミの有力者など、つまり世界に影響力を持つ人たちにはユダヤ人が少なくないようです。

しかしユダヤ人は、実はその定義さえハッキリしない不思議な人たちです。一般的に、古代イスラエルの十二氏族のうちユダ族だった人たちがユダヤ人ということになっていますが、実際にはかなり複雑なことになっています。

「聖書の民」であるユダヤ人は、イスラエルからスペイン方面に逃げてきた有色人種で「スファラディ系ユダヤ人」と言います。そして、キリスト教に改宗させられたり、改宗したふりをした隠れユダヤ人を「マラーノ」と言います。また、同じアジア民族に溶け込んだユダヤ人を「ミズラヒ」と言います。それと、ヨーロッパの貴族階級に同化してゆき、特権を享受していた一部のユダヤ人のことは「ホフ・ユーゲン（宮廷ユダヤ人）」と言います。私が注目しているのは、このホフ・ユーゲンたちです。

ところで、7世紀から10世紀にかけてカスピ海の北で栄えた遊牧国家ハザール汗《ハン》国という国がありました。

8世紀半ば頃、イスラム軍がこのハザール汗国に侵攻してきて、改宗を迫ります。ハザールの隣はキリスト教の大国、東ローマ帝国です。東ローマ帝国と友好関係にあったハザール汗国の皇帝は、悩んだ末にキリスト教とイスラム教の元となったユダヤ教を国教とし、それ以降、国民全員がユダヤ教徒になりました。このユダヤ教徒に改宗したハザール人たちが、のちにアシュケナージ（ドイツ系）と言われる白人のユダヤ人となっ

秘密を握るハザール汗国

ユダヤ教に改宗したハザール汗国の存在が、現代世界に与える影響とは……。

たという説があります。

現在、イスラエルにいるスファラディ系ユダヤ人は少数派で、90％以上がアシュケナージ系ユダヤ人です。肌が浅黒い有色人種のスファラディと白人のアシュケナージとは、血統的にはまったく無関係な民族です。ですから、アシュケナージが「神の約束の地へ帰る」ことを口実にパレスチナにユダヤ人国家を建設することは、まったく正当性がありません（アーサー・ケストラー『ユダヤ人とは誰か――第十三支族・カザール王国の謎』三交社などによる）。しかし、世界の主要なマスコミの株主を慮《おもんばか》ってか、このことはタブーとされ、決して追求されることはありません。

ただ、今年になってテルアビブ大学のシュロモ・サンド教授が『ユダヤ人はいつ、どうやって発明されたか』という本をイスラエルで発売し、「今のユダヤ人の祖先は別の地域でユダヤ教に改宗した人々であり、古代ユダヤ人の子孫は実はパレスチナ人だ」という説を展開、イスラエル政府が標榜《ひょうぼう》する「ユダヤ人国家」には根拠がないと批判しています。

ユダヤ人学者のイズラエル・シャミールは『米国――あるユダヤ国家』の中で「ユダヤ人批判が許されるのはユダヤ人だけ」と述べています（＊5）が、まさにそのとおりなのでしょう。

ユダヤ教の聖典とタルムード

ユダヤ教の聖典は旧約聖書ですが、その中でも重要視されているのが冒頭の5書「創世記」「出エジプト記」「レビ記」「民数記」「申命記」で「トーラー」と呼ばれています。

トーラーの註解書であり、ユダヤ教神秘思想（カバラ）において中心となっている書物が「ゾーハル」。また、モーゼが神から授けられた法で、成文化されずに口伝《くでん》で伝えられたものを「ミシュナ」と言います。このミシュナと、ミシュナをラビが解釈したものが「ゲマラ」から作成された日常生活の規範と、時代時代に対応した生きざまを記したものが「タルムード」で、これは6部構成、63編から成る文書群であり、「ユダヤの民法」と呼ばれています。

タルムードの膨大な文書群の中には、民族的排他性と独善的選民思想が含まれているところがあります。その問題箇所を例としてあげてみましょう。

- ユダヤ王は真の世界の法王、世界にまたがる教会の総大司教となる。
- あなたは、あなたの神、主の聖なる民である。あなたの神、主は地の面にいるすべての民の中からあなたを選び、御自分の宝の民とされた。
・人間の獣に優れる如《ごと》く、ユダヤ人は他の諸民族に優れるものなり。
・神はユダヤ人にすべての方法を用い、詐欺、強力《ごうりき》（暴力や脅迫）、高利貸、窃盗によってキリスト教徒の財産を奪取することを命ずる。
・汝らは人類であるが、世界の他の国民は人類にあらずして獣類である。
・「汝殺すなかれ」との掟《おきて》は「イスラエル人を殺すなかれ」との意なり。ゴイ（非ユダヤ人）、異教徒はイスラエル人にあらず。
・ゴイがゴイもしくはユダヤ人を殺した場合は責めを負わねばならぬが、ユダヤ人がゴイを殺すも責めは負わず。
・ゴイに金を貸す時は必ず高利を以てすべし。
・他民族の有する所有物はすべてユダヤ民族に属すべきものである。ゆえになんらの遠慮なくこれをユダヤ民族の手に収むること差し支えなし。
・ゴイに我らの信教を教える者は、ユダヤ人を殺すに等しい。もしもゴイが我らの教説を知ったならば、彼らは公然と我らを殺すだろう。
・ゴイが我らの書物には何かゴイを害することが書いてあるのではないかと聞いたら、偽りの誓いを立てなければならない。そして、そのようなことは誓って書いてないと言わなければならない。
・瀆神者《とくしんじゃ》（非ユダヤ人）の血を流す者は、神に生贄《いけにえ》を捧ぐるに等しきなり。
（★阿修羅♪資料室　http://www.asyura2.com/data000.htm より）

このように、タルムードには選民思想という特徴がありますが、もう一つの特徴として「終末にあたって救世主が再臨《さいりん》し、正義と平和が支配する理想世界が訪れる」とする救世主思想があります。

自称・救世主と改革派ユダヤ教

ユダヤの歴史における二人の超重要人物をご紹介しておきましょう（Sabbatean Frankist-Freemasonic Chronology　http://www.geocities.com/cliffshack/frankist-freemason-chrono.html や『ロスチャイルドの密謀』成甲書房などによる）。

まず一人目が、トルコ出身のサバタイ・ツヴィです。

サバタイは、自分を「メシア（救世主）だ」と言っていたのですが、激しい躁鬱病だったようで、はじめは誰からも相手にされなかったそうです。ところが、ナタンという有名なカバラ学者と知り合い、このナタンがサバタイを「メシアだ」と宣言しました。信用あるナタンの宣言により、人々はサバタイをメシアとして受け入れたそうです。

その後、サバタイの影響力に危機感を持ったスルタン（皇帝）が、サバタイに「イスラム教へ改宗するか、死か」という選択を迫ります。すると、サバタイは、あっさりとイスラム教へ改宗してしまいました。サバタイにがっかりした人々に対して、ナタンは「サバタイはイスラム教内部に入り込み、内部から敵を崩壊させる戦略なのだ」と説明します。

この「イスラム教やキリスト教などの内部に、彼らの味方のふりをして入り込み、内部から腐らせ、無力化させて最終的には崩壊にいたらせる」という戦法は、屈辱的に改宗せざるをえなかったマラーノ（隠れユダヤ教徒）たちに希望と言い訳を与えてくれるものでした。

その後、サバタイ・ツヴィを支持するサバタイ派は、マラーノを中心に多くの熱狂的な信者を獲得し、ユダヤ人の間に大ムーブメントを起こしました。

もう一人が、ポーランド出身のヤコブ・フランクです。

サバタイ同様〝自称メシア〟であったヤコブ・フランクは、ユダヤ教の救世主思想を

改革派ユダヤ教徒が意味するものとは？

イスラム教内部に潜り込んだトルコ出身の自称・救世主、サバタイ・ツヴィ。

ポーランド出身の自称・救世主、ヤコブ・フランク。

「この世の悪や不幸を人為的に頂点にまで満たして、この世を破壊し尽し、メシアを到来させる」という危険な思想に転換させた人物で、戦闘的救世主と呼ばれています。

ヤコブ・フランクとその信者であるフランキストたちは、正統派ユダヤ教から破門されましたが、フランキストたちは「改革派ユダヤ教（カバリスト・ユダヤ）」と名称を変え、ユダヤ教の中で一大勢力となっています。

そして、このフランキストがサバタイ派と結びつき、キリスト教徒・イスラム教徒・仏教徒たちの中に紛れ込んで、危険な終末思想を実現しようとしているのです。

さらに注目すべきことは、世界の金融に隠然たる力を持つロスチャイルドが、タルムードを信奉していて、しかもサバタイ派フランキストに属しているということです。

サバタイ派フランキストは、多くの宗教に見られるように、原理主義の過激派のようなものです。けっしてユダヤ人全体から支持されているわけではありません。

出典・注釈
（＊3）William Guy Carr『PAWNS IN THE GAME（ゲームの駒）』『教科書が絶対に教えない闇の世界史』ウィリアム・ガイ・カー、太田龍監訳、成甲書房
（＊4）Christopher Jon Bjerknes『THE JEWISH GENOCIDE OF ARMENIAN CHRISTIANS』
http://www.jewishracism.com/JewishGenocide.htm

サバタイ派フランキストがシオニズムやフリーメーソンなどのユダヤ人組織を支配していて、ロスチャイルドを世界の王として君臨させようと画策していると主張する。

（＊5）Israel Shamir『Galilee Flowers』に収録。
http://www.anti-rothschild.net/material/18.html

第5章

ロスチャイルド関連の世界史①

――近代史の謎が解けた!!

ロスチャイルド家の勃興

ロスチャイルドがいかに世界を動かしてきたか、年代順に見ていきます。

［1744年］ドイツのフランクフルトでマイヤー・アムシェル・ロスチャイルドが誕生します。

この名前自体が非常に興味深いのです。初代ロスチャイルドの本名は、マイヤー・アムシェル・バウアーと言います。マイヤーはドイツ人として一般的な名前。アムシェルはユダヤ人として一般的な名前です。ドイツ名の方が都合の良い場合はマイヤー、ユダヤ名の方が都合の良い場合はアムシェルと、時と場合によって使い分けられるようになっています。

［1764年］マイヤー・アムシェルが20歳の時にドイツ・ロスチャイルド商会を創設します。

このロスチャイルド商会は貸金業、両替業、古銭業を主に営んでいました。両替業というのは、何でしょうか。当時のドイツは230の小国に分かれていて、いくつかの小国がくっついて自由都市というのを形成しており、その自由都市ごとに違う貨幣を使用していたのです。他の自由都市で買い物をする時は、そこの貨幣を使用しなければなりません。ですから、手数料を取って他の貨幣と交換する両替業という職業があったのです。

貨幣には、それぞれの国の歴史や文化が刻んであるので、当時の上流階級の人たちにとって古銭を集めるのが高尚な趣味とされていました。初代ロスチャイルドは、おそらく世界初のカタログ販売を、この古銭業で始めたのです。

［1773年］第4章で述べたとおり、初代ロスチャイルドが12人の実力者を招いて全世界の支配権を得るための秘密会議を開催します。

［1775年］ドイツの名門貴族ヘッセン家のヴィルヘルム9世と古銭業を通じて知り合い、その財産運用を任されます。当時は米国独立戦争の最中であり、ヘッセン家は独立戦争を鎮圧するための傭兵をドイツで鍛えて英国政府に貸し出すというビジネスをしており、個人としてはヨーロッパ最大の資産家でした。このヘッセン家の資産が、のち

にロスチャイルドがのし上がる種銭《たねせん》となります。

秘密結社イルミナティ創設の背後にもロスチャイルド

1776年、ロスチャイルドが資金提供して、インゴルシュタット大学法学部長のアダム・ヴァイスハウプトが秘密結社イルミナティ（光明会）を創設します。アダム・ヴァイスハウプトは、わずか24歳で大学教授になった「早熟の天才」と言われたユダヤ人です。

このイルミナティの共同設立者として、あの戦闘的救世主ヤコブ・フランクが名前を連ねています。

イルミナティは、その目的を「知的に有能な人々に世界を支配させ、すべての戦争を防止させるために、世界統一政府を作ることにある」とし、当時の最も聡明と言われた人々を含む2000人もの信奉者を集めたということです。

結社を結成した5月1日に、ヴァイスハウプトは『Novus Ordo Seclorum』という本を出版しています。Novus ordo seclorum はラテン語で、英語ではNew World Order《ニューワールドオーダー》、つまり新世界秩序となります。

秘密結社イルミナティの創始者

アダム・ヴァイスハウプト（1748～1830？）。彼が1776年に創設した秘密結社イルミナティの綱領がのちの共産主義運動、世界統一政府樹立へと発展していった。

イルミナティの行動綱領は下記の5点になります。

①　すべての既成政府の廃絶とイルミナティの統括する世界統一政府の樹立

②　私有財産と遺産相続の撤廃

③　愛国心と民族意識の根絶

④　家族制度と結婚制度の撤廃と、子供のコミューン（自治体）教育の実現（※教育とは、ある意味、最も効果的な洗脳です。当時は学校による教育制度は整っておらず、各家庭で親が子供を教育するケースが多かったのです。しかし、それでは効率的な洗脳が難しいために、コミューンでの画一的な教育が必要だったのでしょう）

⑤　すべての宗教の撤廃

これらの行動綱領が、のちの共産主義の原形となりました。

イルミナティの基本戦略は下記の三つが主となります。

①　目的を達成するために、あらゆる政治的・社会的・経済的、その他の問題において、互いにいがみ合う陣営に分断させる。＝分断して統治せよ（分裂と混沌）

②　対立する陣営に武器を与え、互いに戦わせ、弱らせ、その国民政府と宗教的組織を徐々に自滅に向かわせる。＝両建て作戦（分裂と混沌）

③　あらゆる政府の高い役職に就いている人々を支配するために、金銭的及び性的な賄賂を利用する。一旦、誘惑に乗ると、恐喝、経済的破壊の脅し、秘密の暴露、金銭的損害、殺害の脅しによって操作される。

イルミナティが創設されたのと同じ1776年、アメリカがイギリスから独立します。独立宣言に署名した60名のうち41名がフリーメーソンであり、歴代大統領のうち約6割がフリーメーソンから出ています。

有名なところでは、ジョージ・ワシントン、ジェームズ・マディスン、ジェームズ・モンロー、セオドア・ルーズベルト、フランクリン・D・ルーズベルト、ハリー・トルーマン、リンドン・ジョンソン、ジェラルド・フォード、ロナルド・レーガン、ジョージ・H・W・ブッシュ、ジョージ・W・ブッシュなどがいます。

こう言うと、ありがちなフリーメーソン陰謀論のように聞こえるかもしれませんが、フリーメーソンはHigh《ハイ》 society《ソサイエティ》な人々の親睦団体・慈善団体であり、有望な人材の勧誘、育成機関として利用されてきたのだと思います。

「1784年」バイエルン政府はイルミナティを非合法組織と指定し、大東社の閉鎖を命じました。ヴァイスハウプトはフリーメーソンのブルー・ロッジに潜入し、秘密結社の内部に自らの組織を作るように指示をします（＊6）。

ちなみに、フリーメーソンは古くからある秘密結社で、石工の組合を起源とする説等いろいろな説がありますが、1717年にロンドンでグランド・ロッジが結成され、近代化が図られました。その時の規約の中で「フリーメーソンの理想は、社会や国家を改良して、普遍的人道主義的な世界共和国を建設することである」と述べています。

どうやら、この近代化をおこなったのがサバタイ派のユダヤ人だったようです。このイルミナティの閉鎖命令が出た時に、フリーメーソン組織の中でフランキストとサバタイ派が合体して、サバタイ派フランキストになったのではないかと思います。

ここでマイヤー・アムシェル・ロスチャイルドの世界革命行動計画を思い出してみましょう。

〈⑯フリーメーソンのブルー・ロッジ内部に大東社を組織して破壊活動を実行しながら、博愛主義の名のもとで、自らの活動の真の意味を隠すことは可能である〉

まさに、そのままですね。

フランス革命とフリーメーソン

［1789年］フランス革命が起きます。この革命の主体となったのはフリーメーソンでした。のちにフリーメーソン自身が「フランス革命は我々の革命だった」と認めています。「自由・平等・博愛」を掲げるフランス議会が、ユダヤ人に平等の権利を認め、ナポレオンがゲットーを解体。迫害されていたユダヤ人たちは解放され、政治家、将軍、知識人、芸術家など社会の表舞台に躍り出ます。

ロスチャイルド家は、一族であるモーゼズ・モカッタ銀行を通してフランス革命へ資金を提供しました。その他の資金提供者もダニエル・イツィッヒ、デヴィッド・フリートレンダー、ヘルツ・ガリビール、ベンジャミン・ゴールドシュミット、アブラハム・ゴールドシュミットといったユダヤ人の銀行家たちでした。

次頁の絵はフランス人権宣言（人間と市民の権利の宣言）の絵ですが、ご覧のとおり、上の部分に〝ピラミッドに万物を見通す眼〟というイルミナティのシンボルマークが光っています。

再びマイヤー・アムシェル・ロスチャイルドの世界革命行動計画を見てみましょう。

〈⑩我々は『自由・平等・博愛』という言葉を大衆に教え込んだ最初の民族である。(中略)ゴイムの自然発生的で世襲的な貴族社会の廃墟の上に、我々は金による貴族社会をつくりあげた〉

これも、そのままですね。

ロスチャイルドはいかにして超富豪となったのか

ロスチャイルドには5人の娘と5人の息子がいました。この息子たちが成長し、ヨーロッパの主要な都市に支店を開いていきます。

1804年には三男のネイサンがイギリスのロンドンへ行き、のちに金融王となります。

1817年には、五男のジェームズがフランスのパリへ行きました。彼は鉄道王と呼ばれ、この鉄道を足がかりにフランスの産業を支配していきます。

1820年には次男のサロモンがオーストリアのウィーンへ、1821年には四男のカールがイタリアのナポリへ、そして長男のアムシェル・マイヤーはフランクフルトの本店を継ぐことになります。

フランス人権宣言

上部に描かれた〝万物を見通す眼〟に注目。フランス革命もまたロスチャイルドらのシナリオに組みこまれていた。

この5人兄弟は、伝書鳩や快速艇、専用の馬車を持っていて、毎日、各国の情勢を手紙で情報交換していました。今の情報ネットワークを利用して投機で儲けるという国際金融ビジネスの原形を築いたのです。

次頁の地図、この4人の兄弟に囲まれた星のマークのついた国がどこだかわかりますか？

そう、永世中立国であり、大金持ちたちの秘密の金庫がある国、そして中央銀行の中央銀行である国際決済銀行（ＢＩＳ）のある国、スイスです。スイスがロスチャイルド・ネットワークの中心地であることが、この配置からわかりますね。

「１８１０年」ロンドン証券取引所の支配者フランシス・ベアリングが亡くなると、三男ネイサンが新しい支配者となります。ただ、ベアリング家がこれで没落したわけではなく、このあとロスチャイルドと二人三脚でシティを支配していくことになります。最も手強い相手と組み、取り込んでいくというのがロスチャイルド家のやり方です。

「１８１２年」初代ロスチャイルドのマイヤー・アムシェルが死去します。臨終の際、マイヤーは息子たちにタルムードを読み聞かせ、「常に結束して事に当たり、独断的な

ヨーロッパに広がるロスチャイルドのネットワーク

三男ネイサンは1804年に
イギリスのロンドンへ
長男アムシェル・マイヤーは
ドイツのフランクフルト本店
五男ジェームズは
1817年にフランスのパリへ
次男サロモンは
1820年にウィーンへ
四男カールは1821年に
イタリアのナポリへ

フランクフルトで両替商を営んでいた初代マイヤー・アムシェル・ロスチャイルド（1743〜1812年）の５人の息子（マイヤー、サロモン、ネイサン、カール、ジェームズ）がヨーロッパに支店網を築きあげた。情報ネットワークを巧みに利用して儲ける、国際金融ビジネスの原形となっていった。

行動をおこなわない」と誓わせたと言います。

［1814年］東インド会社のインド貿易独占権が廃止になり、その後はロスチャイルド家が利権を受け継ぎ、植民地支配を続けることになります。現在の支配者層の多くは、この東インド会社の幹部であった人たちの末裔《まつえい》です。

［1815年］ワーテルローの戦いが起こります。

ナポレオン率いるフランス軍とウェリントン将軍率いるイギリス・オランダ・プロイセン連合軍のヨーロッパの覇権を賭けた戦いです。

この時、イギリスは国債を発行することによって戦費を調達していました。イギリスが負けることになれば、当然、イギリスの国債は大暴落してしまいます。

ある日、ネイサン・ロスチャイルドが青ざめた顔をして、急にイギリスの国債を売り始めました。ネイサンが独自の情報ネットワークを持っていて、いち早く情報を入手できることは知られていましたので、それを見て投資家たちはイギリスが負けたのだと思い込み、英国債を我先にと売り始め、最終的に大暴落しました。その裏でネイサンは秘密の代理人を使って紙クズ同然となった英国債を買いまくっていたのです。（カバー画

像参照、取引所にたたずむネイサン）

翌日、イギリス勝利の情報とともに英国債は暴騰《ぼうとう》しました。しかし、その時はネイサンがイギリス国債を大量に買い漁《あさ》った後だったのです。これにより、多くの投資家と、ほぼすべての名門の家系が破産したのに対して、ネイサンは当時としては天文学的な数字である約100万ポンドの利益を得、この日の儲けだけで財産が2500倍に増えたと言われています。このことは後に「連合国はワーテルローの戦いに勝ったが、実際に勝ったのはロスチャイルドだった」という諺《ことわざ》となってヨーロッパに残っているそうです。そして、この時を契機として、ロスチャイルドのイングランド銀行支配が始まります。

1820年代には、各国の大蔵大臣がロスチャイルド5人兄弟に買収され、国の借金をつくり、公債を発行して、その2倍近い金額をロスチャイルド商会に支払ったそうです。ヨーロッパ諸国のすべてがロスチャイルド商会をあてにするようになり、ヨーロッパ全王室がロスチャイルド家に金を借りにきたと言われています。

ロスチャイルド商会の資産総額は、1815年には333万フランだったものが、10年後の1825年には1億6500万フランにまで膨らんでいます。

スカル&ボーンズとは米国版イルミナティのこと

［1832年］米国の名門イェール大学に秘密結社スカル&ボーンズが設立されます。創設者はアルフォンゾ・タフトとウィリアム・ラッセル。

アルフォンゾ・タフトは、ユリシーズ・グラント政権で司法長官と陸軍長官を務めました。息子は第27代米国大統領のウィリアム・タフトです。

ウィリアム・ラッセルは、ロスチャイルドとベアリングが支配する阿片貿易の利権を分けてもらった麻薬貿易会社ラッセル社の一族です。

ラッセル社は、英国が独占するインド産阿片より質が悪いけど安価なトルコ産阿片を中国に持ち込み、そこで得た資金で「マサチューセッツ銀行」（のちのボストン・ファースト・ナショナル銀行）を設立しています。

スカル&ボーンズは、1856年には「ラッセル信託基金」の名の下に正規の法人格を取得しています。

ウィリアム・ラッセルがドイツに留学した際、どうやらイルミナティと接触したようで、帰国後にその秘密の儀式を真似て設立されたのがスカル&ボーンズです。イルミナ

米国版イルミナティ「スカル＆ボーンズ」のマーク。

1947年に撮影されたスカル＆ボーンズのメンバー。時計の左隣にいるのが若き日のパパ・ブッシュ。

ティとの違いは、スカル&ボーンズはホワイト・アングロサクソン・プロテスタントのみで構成されるという点です。ですから、WASPのみで構成された米国版イルミナティと言ってもよいかと思います。

初期の段階のスカル&ボーンズは、阿片貿易で巨万の富を得たニューイングランドの有力商家が中心でした。17世紀に最初にアメリカにやってきたピューリタンの末裔たちが第1グループとされ、ホイットニー家、ロード家、ワッズワース家、アレン家、バンディ家、アダムス家、スティムソン家、タフト家、ギルマン家、パーキンス家などがあります。第2グループは、18世紀から19世紀に巨万の富を得た名家で、ハリマン家、ロックフェラー家、ペイン家、ダヴィソン家、ピルスベリー家、ウェイヤハウザー家、そしてブッシュ家などです。

ウィリアム・ラッセルがドイツ留学から持ち帰ってきたもう一つのものが、ヘーゲルの弁証法です。スカル&ボーンズは、このヘーゲルの弁証法を戦略として採用しています。どんなものかというと、簡単に言えば、まずテーゼ（定立）を立てて、それに対してアンチテーゼ（反定立）をぶつけて、ジンテーゼ（総合）を導き出すというもので、正+反=合という図式で表せます。自らの優位を導くために、世界の中に意図的に対立を引き起こし、緊張が極まったところで自分たちを有利に導く解決を提供するという方法論です。これもイルミナティと同じで、キーワードは「分裂と混沌」ですね。

スカル&ボーンズは教育界に大きな影響を与えてきました。ティモシー・ドワイトがイェール大学長。アンドリュー・ホワイトがコーネル大学の初代学長。ジョン・ロックフェラーはロックフェラー大学とシカゴ大学を創立。ダニエル・ギルマンは、カリフォルニア大とジョンズ・ホプキンス大の初代学長になっています。このギルマンがロックフェラーたちと一般教育委員会を設立し、米国の学問を方向づけました。

また、ギルマンの愛弟子《まなでし》にジョン・デューイがおり、デューイはアメリカ「進歩主義教育運動」の思想的な柱となっています。このジョン・デューイの教育思想と理論は、戦後日本の教育にも多大な影響を与えました。

スカル&ボーンズの中でも特に重要な人物がヘンリー・L・スティムソンです。

スティムソンは、セオドア・ルーズベルト、ウィリアム・タフト、ウッドロー・ウィルソン、カルビン・クーリッジ、ハーバート・フーバー、フランクリン・ルーズベルト、ハリー・トルーマンと7人の大統領の側近を務めました。原爆を製造したマンハッタン計画の最高責任者でもあります。

陸軍長官であったスティムソンは、陸軍省内でスカル&ボーンズのグループを結成しています。ジョン・マックロイ、ロバート・ロヴェット、マクジョージ・バンディ、ウィリアム・バンディ、ディーン・エイクソン、ジョージ・マーシャル、アヴェレル・ハリマン、プレスコット・ブッシュなど世界大戦時の重要な閣僚たちが名を連ねています。このグループが、第二次世界大戦前から戦後にかけての重要な戦略政策を練り上げ、日独両国の占領政策の立案にあたりました。

また、このグループは戦略事務局（OSS）を創設し、以降、その後身である中央情報局（CIA）はスカル&ボーンズ人脈を中心に構成されています。その他、スカル&ボーンズは、大学、財団、銀行、石油会社なども傘下に擁し、政府機関にも幅広く人材を送り込んできました。もちろん、現大統領のブッシュもスカル&ボーンズ出身です。

モルガン商会は、アメリカの国家であり、法律であり、制度である

1837年、米国のジョージ・ピーボディがブラウン・ブラザーズを通じてロンドンのビジネスに参入。ネイサン・ロスチャイルドの代理人となります。ブラウン・ブラザーズのブラウン家はベアリング家の親戚です。ジョージ・ピーボディはギター・ピーボディ証券の一族でピーボディ基金の設立者として知られています。このジョージ・ピーボディには子供がいなかったので、後継者としてジュニアス・モ

陸軍長官、国務長官を歴任したヘンリー・スティムソン。彼も秘密結社スカル&ボーンズのメンバー。

ロスチャイルド商会のアメリカ代理人オーガスト・ベルモント。

ルガンを指名しました。これによりモルガン商会がロスチャイルドの秘密の米国代理人となります。

なぜ〝秘密〟なのかと言えば、当時、ユダヤ人は迫害されていたので「ユダヤ人なんかから金を借りたくない」という人たちがいっぱいいたわけです。そういう人たちはモルガン商会からお金を借りるという寸法です。

モルガン商会は「トラストのトラスト」と呼ばれ、十数社の鉄道事業を買収し再編成。1892年にはGEを設立し電気事業を再編。1901年には鉄鋼王カーネギーを買収してUSスチールを設立し鉄鋼業を再編。1907年には全米の電話を独占するAT&Tを買収します。

第一次世界大戦時には、英仏両国政府から公式代理人として選ばれ、戦時国債を米国で販売。米国における英国の公式貿易代理業者でもあり、あらゆる戦時物資を自らの所有する企業から購入して英国に送りました。

1920年には死の商人デュポンと組んでGMを支配。その他、テキサコ、IBM、シティバンク等にも投資をおこない巨大化していきます。この頃には「モルガン商会は銀行ではない。アメリカの国家であり、アメリカの法律であり、アメリカの制度である」とまで言われたほどの影響力を持っていました。

［1837年］フランクフルト・ロスチャイルド商会の代理人オーガスト・ベルモントが米国へ派遣されます。

ベルモント商会は企業買収を繰り返し、ディロン・リードなど全米の金融機関を支配下に収めていきます。

オーガストは1849年にペリー提督の娘キャロラインと結婚。ユダヤ人ジャーナリストが書いた『ユダヤの告白』(*7)という本では、ペリー提督を日本に送り込んだのは、このオーガスト・ベルモントだと書かれています。その目的は、彼らは中国に阿片を売りつけていましたから、ついでに日本にも阿片を売りつけようとしたらしいです。本当かどうかわかりませんが、当時の状況を考えれば十分あり得る話だと思います。

オーガストは、このペリー家やモルガン家と結びつきボストン財閥を形成していきます。そして、1856年には民主党の党首になり、約20年間、政治と実業界に影響を与えました。

［1848年］カール・マルクスとフリードリヒ・エンゲルスが『共産党宣言』を発表

しました。

執筆を依頼したバルーフ・レヴィという人物が、マルクス宛の手紙の中で、その目的を打ち明けています。

「この新しい人類の社会組織の中で、我々ユダヤ人はいかなる国家に属することもなく、また他の民族から何の抵抗を受けることなくして指導勢力となり、やがてその影響は全世界に及ぶことになるでしょう。そして、もし彼らの中の何人かの賢者が、これら労働大衆のうちに確固たる指導権を打ちたてることに成功するなら、プロレタリアの勝利によって次々に世界共和国の一部となっていく諸国家の支配権は、これらプロレタリアを指導する我々ユダヤ人の手に容易に収めることができます。要するに、プロレタリアの勝利は私有財産の廃止をもたらし、こうして公有財産となった他民族のあらゆる私有財産は、公有財産を管理するユダヤ人の支配下に入るのです。かくして我々ユダヤ人のメシアが到来する時、ユダヤ人は全世界の民の財産をことごとくダビデの星の下につかさどるであろうと言い伝えられてきたタルムードの予言が実現されることでしょう」

［1848年］ロスチャイルドにつながる〝二百家族〟によってフランス銀行が独占的に支配されます。この銀行支配を通じてフランスの産業界も〝二百家族〟によって支配

されることになります。

ペリー来航と明治維新にもロスチャイルドの影が

［1853年］米国よりペリー提督が艦隊を率いて来航し、砲艦外交によって開国を迫ります。砲艦外交というのは、要するに大砲で脅して言うことを聞かせる〝押し売り〟みたいなものです。

［1859年］トーマス・ブレーク・グラバーが来日。武器商人として明治維新の裏で暗躍します。

長崎では今もこのグラバーの屋敷が観光名所になっていますね。グラバーは中国に阿片を売りまくって阿片戦争を引き起こした麻薬貿易商社ジャーディン・マセソン商会の代理人で、ロスチャイルド傘下のロイズ保険や香港上海銀行等の代理店も務めていました。

ちなみに、今や世界一の金融グループとなった香港上海銀行ですが、ロスチャイド、ベアリング、サッスーン、ジャーディン・マセソンという錚々《そうそう》たる麻薬貿易商人が設立時の役員として名を連ねています。つまり、中国へ売りつけた阿片の代金をイギリスに送金するためにつくられたのが香港上海銀行です。

ジャーディン・マセソンが資金を出して、グラバーが手引きをし、１８６３年には伊藤博文や井上馨《かおる》など５人の長州藩士が英国に密航しています。また、１８６５年には五代友厚ら17人の薩摩藩士も英国に密航させ、のちに彼らが明治政府の要人となっていきます。

武器商人であるグラバーは、坂本龍馬の亀山社中を通じて薩長に武器弾薬を提供しました。グラバーは英語教師もやっていて、教え子であった岩崎弥太郎と共に三菱財閥の基礎をつくっています。

銀行家の通貨支配に抵抗して殺されたリンカーン

［１８６１年］アメリカの南北戦争（～１８６５年）が勃発します。

ドイツの鉄血宰相ビスマルクが、１８７６年に「南北戦争は欧州の金融権力によって誘発された」と話しています（＊8）。

「アメリカを二つの連邦に分割することは、ヨーロッパの大金融権力によって、南北戦争のずっと以前に決定された。そうした銀行家はアメリカを恐れていた。アメリカ国民が結束したままであれば、当然ながら一国として経済的、金融的に独立独歩することになるだろうし、そうなれば、彼ら銀行家の世界支配が覆される、と。ロスチャイルド一族のこうした声に影響され、彼ら銀行家はアメリカを、自信に満ちて自給自足体制を貫く活力ある共和国を二つの弱小国家にして負債を負わせれば、大儲けができると考えたのだ。（中略）リンカーンは、ある時、ヨーロッパの悪意に満ちた金融家ロスチャイルド家から一族の計画の実行者となることを望まれていると察知した。北部と南部は彼らによって分断される寸前だった。（中略）リンカーンは彼らの企みを看破し、ほどなく、本当の敵は南部ではなく、ヨーロッパの金融家だと考えるようになった。（中略）そこで彼は公債制度を確立させ、国家に仲介組織なしで直接人々から借りることで、国際銀行家連中を排除しようと決意した。（中略）アメリカは支配できない。彼らはすぐにそう思い知ったが、リンカーンの死で問題は解決されることになる。襲撃のための狂信者を見つけることとほど簡単なことはない。（中略）合衆国に、彼の衣鉢を継ぐほど偉大な人物はいない。イスラエルは、世界の富を新たに略奪することをひき受けたのである。悪辣でひねたユダヤ人銀行家たちが合衆国の豊かな富を完全に支配し、現代文明を計画的に崩壊させるために用いることを、私は恐れている」（ジョン・コールマン『ロスチ

ャイルドの密謀』成甲書房より）

［1862年7月］イングランド銀行は、米国の銀行業者間に〝ハザード・バンキング回報〟を配布しました。（歴史情報研究所 http://rekishijyoho.seesaa.net/article/208165501.html）

「奴隷制度は戦争の力で廃止されるであろう。それには、私も、私のヨーロッパの友人たちも賛成である。なぜなら奴隷制度は労働力を所有することにほかならず、それには労働者の面倒をみることが伴う。一方、ヨーロッパ流のやり方では、資本家が賃金を管理することによって労働力を支配する。これは通貨を管理することによって可能となる。（中略）銀行業務の基本としては、債券が用いられねばならない。（中略）グリーンバックと呼ばれている政府発行紙幣を、いかなる期間も通貨として流通させてはならない。我々がそれを管理できないからである」

ここには重要なことが二つ書かれています。一つは奴隷制が廃止された理由です。奴隷制は奴隷の面倒を見なければならない。強制的に働かすには暴力で脅す必要があるので、軍隊のコストがバカにならないのです。それに無理やり働かせているのでモチベーションがないから生産性も悪い。それより、解放して、一生懸命働けば豊かになれると思わせた方が、進んで働くから生産性が高いわけです。でも、実際は賃金を管理されて

銀行家たちの策謀を見抜き、暗殺されたリンカーン大統領。

日露戦争時、日本の外債を引き受けたことで有名な銀行家ジェイコブ・シフ。彼もまたロスチャイルドの手先だった。

いるから、いくら一生懸命働いても豊かにはなれないのですが……。

のちに植民地が独立できたのも、おそらく同じような理由によると思います。彼らの感覚は常に〝経営者〟なので、決して人道的な見地からではないでしょう。

もう一つは、お金は債券でなければならない。政府紙幣では管理できないから困ると言っています。これが彼らの弱点です。残念ながら、この弱点をついたリンカーンは、1865年4月14日に暗殺されてしまいました。

リンカーンは「債券は不要であり、起源において債務のない国家の富に比例して発行される紙幣のみが許可されるべき通貨である」と国民に説いて1862年2月から政府紙幣を発行したのです。

ロスチャイルド家の代理人ジェイコブ・シフ

［1865年］ロスチャイルド家の代理人ジェイコブ・シフが渡米します。

シフは改革派ユダヤ教徒、つまりフランキストです。このシフはソロモン・ローブの娘テレサと結婚し、1870年、クーン・ローブ商会の頭取に就任、経営者としてジョン・D・ロックフェラーやエドワード・R・ハリマン、アンドリュー・カーネギーの後援者となり、ロックフェラーのスタンダード・オイル社、ハリマンの鉄道帝国、カーネギーの鉄鋼帝国に融資、巨大財閥に育成しました。その後、モルガン家、ビドル家、ドレクセル家という当時の三大有力者と提携し、ウォール街の銀行連合を形成します。

余談ですが、1974年、ネルソン・ロックフェラーが副大統領に指名された時に、個人資産を公表しなければならなくなりました。その時に明らかになった事は、ロックフェラー家の資産は、ジェイコブ・シフ以来、クーン・ローブ商会が財務管理しており、その投資はすべてクーン・ローブ商会の承認を受けなければならなくなっていたということです。

第三次世界大戦まで100年以上前に計画済み

「1870年」イタリアの統一によって教皇領を奪われたローマ・カトリック教会は、それまで領地から得ていた収入を絶たれ、深刻な財政難に陥りました。この、窮地に立ったバチカンに救いの手を差し伸べたのがロスチャイルドです。それ以降、仇敵キリスト教徒の総本山バチカンの資金運用は、ロスチャイルド人脈によってなされるようになりました。

イタリアの統一運動を主導したのが「青年イタリア」という組織で、そのリーダーがイルミナティ2代目首領ジュゼッペ・マッチーニでした。マッチーニは、その後「青年ドイツ」「青年ポーランド」「青年スイス」そして「青年ヨーロッパ」を創設しますが、その他、「青年ロシア」「青年トルコ」「青年アメリカ」（米国のリーダーはオーガスト・ベルモント）など世界的に青年運動が広まり、それが第一インターナショナルに発展し、第二インターナショナルを経て、第三インターナショナル、つまり国際共産主義組織のコミンテルンとなります。コミンテルンは、第二次大戦時に重要な役割を果たしますので、覚えておいてください。

そのジュゼッペ・マッチーニへ宛てて、1871年、イルミナティ3代目首領のアルバート・パイクが「世界を統一するために、今後3回の世界大戦が必要だ」という書簡を送ったと言われています。その内容を見てみましょう。（ウィリアム・ガイ・カー『教科書が絶対に教えない闇の世界史』成甲書房より）
①第一次大戦は、ツァーリズムのロシアを破壊し、広大な地をイルミナティのエージェント（手先）の直接の管理下に置くために仕組まれることになる。そして、ロシアはイ

第三次世界大戦まで計画していたフリーメーソン

南北戦争時、南軍の将軍だったアルバート・パイク。胸にかけられたフリーメーソンの高位を示す紋章に注目。

ルミナティの目的を世界に促進させるための〝お化け役〟として利用されるだろう。（※ツァーとは皇帝という意味で、ツァーリズムとは絶対君主制という意味になります）

②第二次大戦は、「ドイツの国家主義者」と「政治的シオニスト」の間の圧倒的な意見の相違の操作の上に実現されることになる。その結果、ロシアの影響領域の拡張と、パレスチナに「イスラエル国家」の建設がなされるべきである。

③第三次大戦は、シオニストとアラブ人との間に、イルミナティ・エージェントが引き起こす、意見の相違によって起こるべきである。世界的な紛争の拡大が計画されている。

そして、第三次大戦のあとに、

④キリストの教会と無神論の破壊の後、ルシファーの宇宙的顕示により、真の光が迎えられる。

となっています。

アルバート・パイクは南北戦争の英雄で、黒人を虐殺《ぎゃくさつ》した白人至上主義者の組織ＫＫＫ（Ku Klux Klan《クークラックスクラン》）を創設した人物であり、彼の書いた『Morals and Dogma of the Ancient and Accepted Scottish Rite of Freemasonry』（道徳と教義）という本はフリーメーソン幹部の教科書として現在も読み継がれているそうです。

パイクは著書の中で「ルシファーは神であるが、アドネイ（＝イエスのこと）も同様に神である。影なくして光はなく、醜さなくして美しさはない。絶対神は二つの神として存在する。引き立て役として光には暗闇が必要である」と語っています。

キリスト教では神と対立し天界を追放された「堕天使」「悪魔の王」とされているルシファーですが、ユダヤ教では「光の天使」とされており、イルミナティの崇拝する神が、このルシファーです。つまり、最終戦争の後にルシファーを唯一の神とした世界宗教と世界政府による「新世界秩序」がもたらされるという計画のようです。

円卓会議、チャタムハウス、ＣＦＲ、ＩＰＲ

「１８７７年」松方正義が渡欧してフランス蔵相レオン・セーと会談し、レオン・セーが日本に中央銀行設立を勧めます。このレオン・セーのボスがフランス・ロスチャイルド家4代目の当主アルフォンスでした。

そして、5年後の1882年、日本銀行が設立されます。

［1881年］世界最大の金・ダイヤモンド鉱山を支配するために英国が南アフリカに介入し、第一次ボーア戦争（～1884年）が勃発します。

［1884年］英国でピール条例が制定され、イングランド銀行以外の銀行による発行業務が禁止、金本位制が確立し、イングランド銀行が世界で最初の近代的中央銀行となります。このピール条例を制定するように英国議会へ働きかけたのがライオネル・ロスチャイルドでした。

［1891年］イギリスで円卓会議グループが結成されます。この背景を説明すれば、ロスチャイルドの融資を受けて、セシル・ローズのデビアス社が全世界のダイヤモンドをほぼ独占的に支配しました。ローズは南アフリカの鉄道・電信・新聞業をも支配下に入れ、1890年にはケープ植民地の首相となり、南アフリカの政治・経済の実権を一手に握った人物です。

セシル・ローズは、英語圏の人々を結集して世界中の全居住地を彼らの支配下に置くという野望を持っており、その野望を達成するために秘密ネットワークを組織しました。それが円卓会議グループです。創始者グループの幹部は、ロスチャイルド卿《きょう》、バルフォア卿、グレイ卿、イッシャー卿、ミルナー卿でした。ローズの死後は、アルフレッド・ミルナー卿が遺志を継いで秘密ネットワークを担う人材を育成しました。

アルフレッド・ミルナーは、ミルナー・キンダーガーデン（ミルナー幼稚園）という組織を持っていて、このミルナー幼稚園は黒人を奴隷にして酷使し、挙句《あげく》にアパルトヘイトをつくったグループです。

セシル・ローズの残した財産は奨学金の基金となり、このローズ奨学金を通して優秀な人材の〝青田買い〟がおこなわれるようになります。

米国ではローズ奨学金を真似てフルブライト奨学金がつくられ、有名なところでは竹中平蔵氏がこのフルブライト奨学金で留学しています。

この円卓会議グループが発展して、1919年には英国に王立国際問題研究所（通称チャタムハウス）が設立されます。このチャタムハウスの創設者はミルナー幼稚園出身のライオネル・カーティスです。

1921年には米国で外交問題評議会（CFR）が設立されます。CFRは米国を英国の影響下に置き続けることを目的に設置されました。

1925年には太平洋問題調査会（IPR）が設立されます。ここは国際連盟脱退後、日本唯一の国際窓口となったNGO（非政府組織）で、太平洋戦争時にはこの機関を通して対日工作がおこなわれました。最近になってこの組織の上層部が全員ソ連のスパイであったことが判明しています。IPRはチャタムハウスの下部組織ですが、資金提供はロックフェラー財団とカーネギー財団がしてきました。この財団の資金運用をしていたのがロスチャイルド系の投資銀行でした。

1954年にはビルダーバーグ会議が開催されます。ビルダーバーグ会議については後で詳しく述べます。

1973年には日米欧三極委員会が設立されています。提唱者はデイヴィッド・ロックフェラーとズビグニュー・ブレジンスキーです。

ロックフェラーがビルダーバーグ会議に、経済成長を遂げた日本も加えたらどうかと提案したところ、欧州勢から反対を受け、それならと独自に設立した組織です。

ブレジンスキーは、ヘンリー・キッシンジャーと並ぶCFRの重鎮で、今はバラク・オバマのアドバイザーを務めている人物です。カーター政権時より米国政府の基本的な外交政策は、ブレジンスキーの描いた戦略をベースとして展開されています（＊9）。

現在では日本の国際的な戦略的重要性が低下し、日米欧が抜けてただの「三極委員会」と改称されています。

シオニズム運動

［１８９６年］テオドール・ヘルツルが『ユダヤ人国家』を出版。政治的シオニズム運動が本格的に始まります。

シオニズムというのは「シオンの丘へ帰ろう」とするユダヤ人国家の建設運動で、シオニストというのはイスラエル建国を支持する人たちです。

エドモン・ロスチャイルド男爵は入植地を支援するために５００万ドルを寄付しましたが、政治的シオニスト一派は、その５％しか提供できませんでした。エドモンは彼の代理人による直接の監督と管理を要求したのですが、ワイツマンとヘルツルはその要求を快く思わなかったと言います。

イスラエルを世界戦略の一つの駒として使いたいロスチャイルドと、純粋（？）にユダヤ人だけの国家を建設したいというシオニストの意見の対立、暗闘のようなものは今でも続いていると思われます。

ところで、信心深いユダヤ人は、救世主の再来まではユダヤ人国家は存在し得ないはずなので、イスラエルが建国されることには反対してきました。救世主が来る前にユダヤ人国家が建設されてしまうのは聖書の預言に反しているからです。ですから、政治的なシオニストは、実は本来のユダヤ教の教えに反していると言えます。

「ロスチャイルド一族の支援するシオニスト機関」

世界ユダヤ人会議	会長エドガー・ブロンフマン
国際女性シオニスト機構	会長エドモン・ロスチャイルド夫人
アメリカ・ユダヤ人委員会	設立者ジェイコブ・シフ
アメリカ・ユダヤ人会議	会長ネイサン・シュトラウス
イギリス・ユダヤ人協会	設立者フランシス・ゴールドシュミット 会長オズモンド・ゴールドシュミット
フランス・ユダヤ人協議会	会長アラン・ロスチャイルド
ユナイテッド・ユダヤ財団	理事長ギイ・ロスチャイルド

シオニズム運動を開始したテオドール・ヘルツル。

DER

JUDENSTAAT.

VERSUCH

EINER

MODERNEN LÖSUNG DER JUDENFRAGE

VON

THEODOR HERZL

DOCTOR DER RECHTE.

LEIPZIG und WIEN 1896.

M. BREITENSTEIN'S VERLAGS-BUCHHANDLUNG

WIEN, IX., WÄHRINGERSTRASSE 5.

ヘルツルの書いた『ユダヤ人国家』の表紙。

ユダヤ人移民組織 ユース・アリヤ・フランス	会長ギイ・ロスチャイルド夫人
ユダヤ人退役軍人協会	会長エドマンド・ロスチャイルド
ユダヤ人保護委員会	財務理事レオポルド・ロスチャイルド
ヒルシュ男爵財団	設立者モーリス・ヒルシュ 理事長マイヤー・アイザックス
ユダヤ人植民協会	設立者モーリス・ヒルシュ 会長オズモンド・ゴールドシュミット
モンテフィオーレ・ホーム	理事長ジェイコブ・シフ 理事ヴィクター・ロスチャイルド
マッカビウス協会	会長アルバート・ゴールドシュミット

『ユダヤ人国家』が出版された翌年、テオドール・ヘルツルがスイスのバーゼルにて第1回シオニスト会議を開催。ここで「シオニズムはユダヤ民族のためにパレスチナの地に公法で認められた郷土を建設することを目的とする」というバーゼル綱領が採択されます。

情報を制するものがお金を制す

［1897年］ロンドンにマルコーニ無線会社が設立され、ロスチャイルドの通信支配が始まります。

この通信支配というのは非常に重要です。ワーテルローの戦いで莫大な富を築いたように、もともとロスチャイルド家は情報を武器としてきました。世界最古の通信社は1835年に設立されたフランスのAFP通信（Agence France Presse）ですが、創業者のユダヤ人シャルル・ルイ・アヴァスはロスチャイルドに雇われて事務所を開設しています。

アヴァスの部下にポール・ロイターというユダヤ系ドイツ人がいて、このロイターが1851年に英国でロイター通信を設立します。世界に広がる英国植民地の商人ネットワークからロイター通信へ情報が届き、このロスチャイルドの支配下にあるロイター通信から世界にニュースが配信されてきました。

また、そのロイター通信からMI5（英国内の軍事情報を担当する課）やMI6（英国外の軍事情報を担当する課）ができ、そのMI6の指導を受けてCIAやモサドなど各国の諜報機関ができたという経緯があります。

「情報を制する者は世界を制す」です。

初代ロスチャイルドの世界革命行動計画を思い出してみましょう。

「⑬誹謗、中傷、偽の情報を流したことでどのような波紋が広がろうと、自らは姿を隠したまま、非難されることがないようにしなければならない。大衆への情報の出口すべてを支配すべきである」

［1904年］日露戦争が開戦します。日本が絶対不利だったにもかかわらずクーン・ローブ商会のジェイコブ・シフから融資を受け、戦費不足を補い、なんとか勝利します。しかし、この負担がのちに大きく伸し掛かり、日本は外資によるコントロールから財政破綻、そして戦争へという道のりを歩み出します。

［1907年］ロイヤル・ダッチとシェルが合併してロイヤル・ダッチ・シェルが誕生します。ロイヤル・ダッチというのはオランダ王室のことです。オランダは産油国のインドネシアを植民地にしていたのです。

［1909年］今のイランにアングロ・ペルシャ石油が設立されます。これは後にブリティッシュ・ペトロリアムとなり、今はBPとなっています。

ロスチャイルドは、バクー油田の利権を持っていますから、これでロシア、インドネシア、イランと大産油国の石油を掌中に収めたことになります。

現在では、シェルやBP、あるいはロックフェラーのエクソンモービルなど、国際石油資本が持つ油田の総埋蔵量は世界の全埋蔵量の10％を切っていて、残りは産油国の国有石油会社が持っていますが、商品取引所による価格形成メカニズムを用いて、その影響力を堅持しています。

［1910年］ロンドン・モルガン商会がモルガン・グレンフェルに改組されます。

創業者のエドワード・グレンフェルは、ロスチャイルド一族でイングランド銀行総裁ヘンリー・グレンフェルの息子であり、イギリスの老舗《しにせ》投資銀行ブラウン・シプリー社の重役でした。ブラウン・シプリーのブラウン家は、米国ではハリマン家と結びついてブラウン・ブラザース・ハリマンになっています。このブラウン・ブラザーズ・ハリマンの頭取を務めたのがパパ・ブッシュの義父ジョージ・ハーバート・ウォーカーで、ナチスに資金提供していたユニオン銀行を設立したのがアヴェレル・ハリマン、ユニオン銀行の社長を務めたのがパパ・ブッシュの実父プレスコット・ブッシュという関係です。

モルガン・グレンフェルは、現在、ドイツ銀行に買収された形になっていますが、実質的にはドイツ銀行を乗っ取っています。

銀行家たちの私有銀行ＦＲＢ設立

「１９１３年」アメリカで連邦準備制度（ＦＲＢ）が設立されます。

ＦＲＢは、１９０７年の金融危機を教訓として誕生しました。危機の再発を防ぐため、ポール・ウォーバーグが銀行改革の必要性について、連日のようにマスコミを通じて主張しました。

米国の中央銀行である連邦準備制度の設立に関する経緯を説明しますと、まず１９１０年にＪ・Ｐ・モルガンが所有するジョージア州のジキル島で全国通貨委員会の会員による秘密会議が開かれます。この秘密会議の出席者は、次のようなメンバーでした。


「ＦＲＢ設立のための秘密会議のメンバー」

・ネルソン・オルドリッチ……共和党上院議員で院内幹事。全国通貨委員会委員長。
Ｊ・Ｐ・モルガンの投資パートナー。ジョン・Ｄ・ロックフェラー・Ｊｒ．《ジュニア》の義父

・エイブラハム・アンドリュー……連邦財務次官補。通貨委員会特別補佐官
・フランク・ヴァンダーリップ……ナショナル・シティ・バンク・オブ・ニューヨーク頭取。ロックフェラーとクーン・ローブ商会を代表
・ヘンリー・デイヴィソン……J・P・モルガン商会の共同経営者
・チャールズ・ノートン……J・P・モルガンのファースト・ナショナル・バンク・オブ・ニューヨークの頭取
・ベンジャミン・ストロング……J・P・モルガンのバンカーズ・トラスト・カンパニー社長。のちにニューヨーク連邦準備銀行の初代総裁
・ポール・ウォーバーグ……ロスチャイルド代理人。クーン・ローブ商会の共同経営者

このメンバーの中で、中央銀行の設立に関与したことがあったのはポール・ウォーバーグだけだったので、実務はほとんど彼一人で受け持ったということです。

米国では中央銀行に批判的な意見が多かったので、ポール・ウォーバーグは中央銀行という名称を避けるように提言し、連邦準備制度という名称に決定しました。

連邦準備制度をつくる法案は、共和党のネルソン・オルドリッチが議会に提出しましたが、オルドリッチ法案は民主党から激しい反対を受けます。

その議論を続けている間に、なんと共和党が野党に転落してしまいました。

そこで、民主党の大統領候補者ウッドロー・ウィルソンに白羽の矢が立ちます。

1912年の大統領選挙では、現職で人気者のウィリアム・タフト（共和党）が再選確実とされていました。そこへ人気者の元大統領セオドア・ルーズベルトが、共和党を離れ、革新党を結成して立候補します。その結果、共和党内で票が割れて、ウィルソンが地滑り的勝利を収めました。

この時、ウッドロー・ウィルソンを支援していたのが、ポール・ウォーバーグとジェイコブ・シフでした。ウィリアム・タフトを支援していたのが、フェリックス・ウォーバーグ。フェリックスはポール・ウォーバーグの従兄弟です。そして、セオドア・ルーズベルトを支援していたのが、オットー・カーン。ポール・ウォーバーグ、ジェイコブ・シフ、フェリックス・ウォーバーグ、オットー・カーン、実はこの4人、全員がクーン・ローブ商会の共同経営者です。

ここで初代ロスチャイルドの世界革命行動計画を思い出してみましょう。

〈⑫財を活用して、我々の要求に素直に従い、ゲームの駒となって、政府を陰で操ることを我々から任じられた人物を選ばなければならない〉

この選ばれた人物がウィルソンだったわけです。

操られたウィルソン大統領

ウィルソンを操った代表的な人物を4人あげてみましょう。

［エドワード・マンデル・ハウス（ハウス大佐）］

軍隊経験はないのに、なぜか「ハウス大佐」と呼ばれていたエドワード・マンデル・ハウスは、ウィルソンが「もう一人の私」と呼んだほど親密な間柄でした。

ハウス大佐は、リンカーン暗殺の主犯格トーマス・W・ハウスの甥で、ロスチャイルドの代理人として欧州の金融資本とテキサスの石油業者をつなぐ役割を担っていた人物です。

［バーナード・バルーク］

ウォール街伝説の相場師と呼ばれたバーナード・バルークは、ウィルソン、ハーディング、クーリッジ、フーバー、ルーズベルト、トルーマンと6人の大統領顧問として活躍した人物です。

第一次大戦時には戦時生産局長官となり、軍需工場のすべてを掌握し、軍事予算から膨大な利益を得ています。第一次大戦前、バルークは100万ドルの資産を持っていましたが、戦争が終わった時、その資産は2億ドルにもなっていました。
ドイツに法外な賠償金を支払うように決めた賠償委員会の委員長でもあり、第二次大戦後は国連の原子力委員会の米国首席代表を務めました。

「ユージン・アイザック・マイヤー」

ユージン・マイヤーは、戦時軍需品・財政委員会や戦争産業委員会のポストに起用され、1930年には連邦準備制度理事会の理事に就任、1931年には再建金融公社の会長に就《つ》いた人物です。さらに1946年には初代世界銀行総裁にも就任しています。

ユージン・マイヤーの父親はロスチャイルド系投資銀行ラザード・ブラザーズの共同経営者で、娘のキャサリン・グラハムはワシントン・ポストの社主でした。キャサリン・グラハムは「日本の首相はキャサリン・グラハムの許可がないと成れない」と言われたほどの影響力を持っていた人物です。

ちなみに、このマイヤー家は、オットー・カーンの一族です。

「ポール・ウォーバーグ」

FRBの設立者ポール・ウォーバーグは改革派ユダヤ教徒、つまり彼もフランキストです。

ウォール街伝説の相場師バーナード・バルーク。

英国ウィンストン・チャーチルとバルーク。

ロスチャイルドの代理人として渡米したポールは、クーン・ローブ商会の創業者ソロモン・ローブの娘ニーナと結婚し、ジェイコブ・シフ同様、クーン・ローブ商会の共同経営者となりました。

ポールの兄マックス・ウォーバーグは、ドイツ諜報機関のリーダーであり、ナチスへ活動資金を提供していた人物です。

従兄弟のフェリックス・ウォーバーグは、レーニンを封印列車に乗せてロシア革命を支援したドイツ国防軍の情報部長官で、このフェリックスは、ジェイコブ・シフの娘フリーダと結婚しています。

また、ポールの娘フェリシア・シフ・ウォーバーグは、フランクリン・D・ルーズベルトの息子ルーズベルト・ジュニアと結婚しています。

フランクフルトのゲットーでは、狭いユダヤ人居住区の中に、シフ家、ウォーバーグ家、バルーク家、カーン家、そしてロスチャイルド家が住んでいました。シフ家はロスチャイルドと同じ屋敷を半分ずつにして住んでいて、カーン家はその4軒隣というほどのご近所さんだったのです。

ポール・ウォーバーグ。FRB（連邦準備銀行）の創設者の一人。政府のふりをした私有の中央銀行 FRB の株主として、アメリカ国民から金を奪いつづけた。

米国政府は1株も保有していないFRB

ウッドロー・ウィルソンは、就任式の直後に特別会期を召集して、クリスマス休暇でほとんどの議員たちが帰省中に、民主党が提出したオーウェン・グラス法という連邦準備法を可決させ署名しました。そのオーウェン・グラス法案は、以前、民主党が反対していた共和党のオルドリッチ法案と名前以外はほとんど同じという法案でした。しかも、このオーウェン・グラス法案に対し共和党のオルドリッチとヴァンダーリップが激しい非難の声をあげるという茶番劇付きでした。

ウッドロー・ウィルソンは、晩年になって連邦準備制度設立に加担したことを後悔して、こう言い残しています。

「私はうっかりして、自分の国を滅亡させてしまいました。大きな産業国家は、その国自身のクレジットシステムによって管理されています。私たちのクレジットシステムは一点に集結しました。したがって国家の成長と私たちのすべての活動は、ほんのわずかな人たちの手の中にあります。私たちは文明化した世界においての支配された政治、ほとんど完全に管理された最悪の統治の国に陥ったのです」

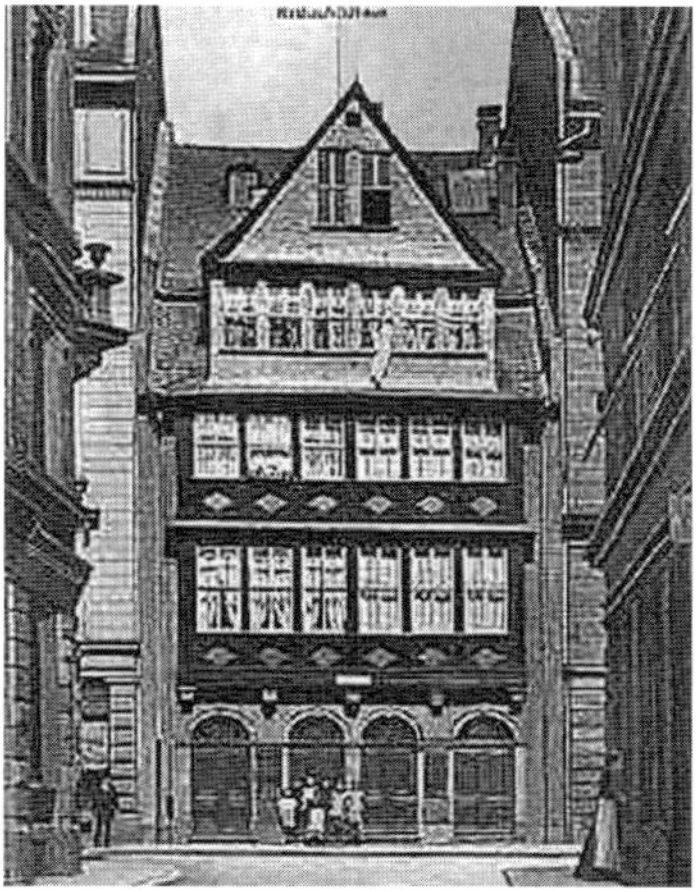

フランクフルトのゲットーに建てられたロスチャイルド銀行。

フランクフルトのゲットーの様子。

連邦準備制度とは、どんな制度なのでしょう。

ユースタス・マリンズ著『民間が所有する中央銀行』（秀麗社）によれば、FRBの実務は連邦諮問評議会がおこなうことになって、連邦諮問評議会は、12の特権的都市（*10）にある連邦準備銀行の役員によって選出されます。

この12ある地区連邦準備銀行の中で最大なのがニューヨーク連邦準備銀行であり、実質的に米国の金融政策（金利、通貨の数量と価値、および債権の販売等）は、主にニューヨーク連邦準備銀行により決定されているそうです。

そのニューヨーク連邦準備銀行設立時の株主は、ナショナル・シティ・バンクやファースト・ナショナル・バンク、ナショナル・バンク・オブ・コマースなどの銀行でしたが、これらの銀行の株主を調べると——

・ロスチャイルド銀行（ロンドン）
・ロスチャイルド銀行（ベルリン）
・ラザール・フレール（パリ）
・イスラエル・モーゼス・シフ銀行（イタリア）
・ウォーバーグ銀行（アムステルダム）
・ウォーバーグ銀行（ハンブルク）

FRB を創設したことを後悔していたウッドロー・ウィルソン大統領。

・リーマン・ブラザーズ（ニューヨーク）
・クーン・ローブ商会（ニューヨーク）
・ゴールドマン・サックス（ニューヨーク）
・チェース・マンハッタン銀行（ニューヨーク）

モルガンとロックフェラーのチェース・マンハッタン銀行を除いて、すべてロスチャイルド系投資銀行が株主で、米国政府は1株も保有していないのです。

無から有を生みだし国民に利息を払わせるFRB

この、民間銀行が所有する中央銀行が、どのようなことをおこなっているか？

1964年に開かれた下院銀行通貨委員会の公聴会でのライト・パットマン議員の証言を見てみましょう。

「1ドルは連邦準備制度に対する1ドルの負債を表している。**連邦準備銀行は無から通貨を創造**し、合衆国財務省から政府債権を購入する。利子の付いた流通資金を合衆国財務省に貸し出し、合衆国財務省に対する小切手貸付けと帳簿に記帳するのである。財務省は10億ドルの利付債の記帳をおこなう。連邦準備銀行は財務省に対して債権の代価の

10億ドルの信用を与える。こうして10億ドルの債務を無から創造するのだが、それに対して**アメリカ国民は利息を支払う義務を負う**ことになるのである」

もう少し解説を加えます。

ドルというお金は、実は、米国債を担保にニューヨーク連邦準備銀行が政府に貸し付けた債権なのです。

連邦準備銀行は、口座に数字を記入するだけで〝無〟からお金を創造します。

米国民は、連銀が〝無〟から創造したお金に対して利息を支払う義務を負います。

現在では、平均労働収入の約35%が連邦所得税として徴収されています。1981年にレーガン政権が調査した結果では、連邦の個人所得の税収760億ドルが、全額FRBへの利子の支払いに充《あ》てられていたということです。

それだけでも酷《ひど》い詐欺的行為なのに、さらに酷いことに、**米国には連邦所得税を納付しなければならないという法律は存在していない**のです。**法的根拠もないのに所得税を取られ、それが連邦準備銀行へ流れるという、壮大な搾取システム**になっているのです。

では、何故こんなことがまかり通っているのか? 1990年に出版された『ユダヤ人の告白』によれば、その理由の一つに同じく1913年に設立された名誉毀損《きそん》防止連盟（ADL）の存在があるといいます。

ADLはユダヤ人に都合の悪いことを言われた場合「反ユダヤだ！」とレッテルを貼り、あらゆる手段を使って、その言論を封じ込めるという役割を担っている組織だそうです。

ADLの上部組織はユダヤ人だけで構成されたフリーメーソン組織ブナイ・ブリス（「契約の子孫」という意味）で、ブナイ・ブリスもADLも共に改革派ユダヤ教徒によって創設されているようです。

またADLは、米国全土に200の下部組織を擁し、全国有色人種地位向上協会（NAACP）や黒人市民権組織都市連盟の活動にも影響力を持っているそうです。

V・マーケッティ元CIA副長官付上級補佐官は『ユダヤの告白』の中でADLについて次のように語っています。

「アメリカにおけるADLの力は凄いものがある。ADLはどのような人でもしかるべき地位や仕事を与えることができ、逆にそこから引きずり下ろすこともできる。また企業をも成功させることも失敗させることも自在にできる。今日のウォール街はADLや、いわゆるユダヤ人『新興勢力』のなすがままになっている。アメリカ国内に張り巡らされたユダヤ組織網を使うことで、ＡＤＬは議会のメンバーを文字通り当選させることもクビにすることも好きなようにできる力を持っている。マスコミの人たちも、ＡＤＬとＡＤＬを支持する人々に脅えながら仕事をしている」

偽りのルシタニア号事件

［１９１５年］アイルランド沖を航行していた英国籍の客船ルシタニア号がドイツ海軍のＵボートから放たれた魚雷によって沈没し、米国人１２８人を含む１１９８人が犠牲となりました。

ところがルシタニア号の積み荷には１７３トンの弾薬があり、当時の国際法に照らし合わせると、ルシタニア号は攻撃を受けても仕方ありませんでした。ドイツ大使館も事前に米国民へ「船に乗るな」と警告を発していたのです。

しかし、ウィルソン大統領は弾薬の積載を認めず、積み荷の目録を開封禁止にしました。

最近おこなわれた海底調査で、沈没したルシタニア号の船内には違法な武器と火薬が積載されていたことが判明し、やはりルシタニア号が国際法に違反していたことが証明されています。

当時のハウス大佐と英国外交官エドワード・グレイ卿の会話記録が残っています。

グレイ「もしドイツ軍が米国旅客船を沈めたらどう反応するだろう？」

ハウス「怒りの炎が米国中に広がり、我々を着実に戦争へ導くだろう」

つまり、米国は第一次世界大戦への参戦に反対する世論を変えるために、自国民が犠牲となることを知りながら、わざとドイツに攻撃をさせたようです。

ロスチャイルドの「中東三枚舌外交」

［1915年］オスマン・トルコ帝国の支配地域である中東で、アラブ人の蜂起によりトルコを背後から脅かしたい英国の外交官ヘンリー・マクマホンが、アラビア半島の遊牧民で聖地メッカの太守であるフセインにアラブ人国家の樹立を約束します。これをフセイン＝マクマホン協定と言います。

翌16年には、英国の中東専門家マーク・サイクスとフランスの外交官フランソワ・ジョルジュ＝ピコが、エルサレム－バグダッド線より北方はフランスの統治、南方は英国で統治するという秘密条約を結びます。これはサイクス＝ピコ条約と言われていますさらに翌17年、英国の外務大臣アーサー・バルフォア卿がライオネル・ロスチャイルドに「ユダヤ国家樹立」を約束する書簡を送っています。これをバルフォア宣言と言います。

そしてこの年、イギリス軍がエルサレムに入城し、アラブ人の力を借りてオスマン・トルコ帝国による約400年のパレスチナ支配を終結させました。

フセインにアラブ人国家の樹立を約束し、ジョルジュ＝ピコとは北方のフランス統治を約束、ライオネル・ロスチャイルドにはユダヤ国家の樹立を約束するという、この「イギリスの三枚舌外交」が今日のパレスチナ問題の大きな原因となっています。

ここに登場するマクマホン、サイクス、ジョルジュ＝ピコ、バルフォア、なんと全員がロスチャイルド一族です。これは知ったらアラブ人たちは、きっと怒り心頭でしょうね。

ロシア革命の真相

［1917年］ロシアでボルシェビキ革命が起き、帝政ロシアのロマノフ王朝が倒れ、ソビエト連邦が誕生します。革命を主導したレーニンやトロツキーに資金提供したのが

ブンド（ユダヤ人労働総同盟）とジェイコブ・シフやポール・ウォーバーグなどの国際銀行家でした。レーニンは1918年から1922年までの4年間に4億5000万ドルをクーン・ローブ商会に返済しています。

1913年10月にウィーンで発行されたユダヤ機関誌『ハンマー』の記事にはロシア革命が予言されていました。

「ツァーはキエフにおいてユダヤ人に対する徹底的な撲滅政策を決議した。運命はこの大闘争の結果にかかっている。ただしそれはユダヤ人の運命ではない。何故ならユダヤ人は負けることがないからである。それはただツァーの運命にすぎないというだけのことである。ツァーの勝利はその終焉《しゅうえん》の発端にすぎない。逃れる道はないことを知るべきである。このことをよく飲み込んでおけ。我々はキエフにおいて、全世界に向かって我らに侮辱をあたえるものを容赦しないことを示そう。

もしユダヤ人が今までにロシアに革命を起こす事実を隠す政策をとっていたのならキエフ事件におけるツァーの態度が判った今日、その政策は捨てるべきである。この事件の結果がどうであろうと、ツァーに対しては容赦しない。それが我々ユダヤ人の決心である」

ソ連政府の各委員会の構成

ソ連政府の委員会	総数	ユダヤ人数	%
人民委員会	23	17	77.2
軍事委員会	43	33	76.7
外務委員会	16	13	81.2
財務委員会	30	24	80.0
司法委員会	21	20	95.0
教育委員会	55	42	79.2
社会委員会	6	6	100
労働委員会	8	7	87.5
赤十字委員会	8	8	100
地方委員会	23	21	91.0
新聞記者	41	41	100

ニューヨークのロシア人亡命団体「ユニティ・オブ・ロシア」の人名録による。

前頁の表を見ると、ロシアでは極少数派であるユダヤ人が、いかにソ連の要職を占めていたかがわかると思います。共産党幹部たちは、ロシア名を付けていても、本当はユダヤ人でした。

［ソ連高級委員のユダヤ人のロシア名と本名］

- レーニン⇩ウリヤーノフ
- トロツキー⇩ブロンシュタイン
- カーメネフ⇩ローゼンフェルト
- ジノビエフ⇩アプヘルバウム
- メシュコフスキー⇩ゴールドバーグ
- ラジェヌキイ⇩ラッシュマン
- ステクロフ⇩ナハムケス
- ラデック⇩ゾーベルソン
- ダーセフ⇩ドラプキン
- スハノフ⇩ギンメル
- ゴーレフ⇩ゴールドマン

・マルトフ⇩ゼデルバウム
・ボグダノフ⇩シルバースタイン
・リトヴィノフ⇩フィンケルスタイン
（出典：英紙『モーニング・ポスト』）


ここでアルバート・パイクの未来計画を思い出してみましょう。

〈第一次世界大戦は、ツァーリズムのロシアを破壊し、広大な地をイルミナティのエージェントの直接の管理下に置くために仕組まれることになる。そして、ロシアはイルミナティの目的を世界に促進させるための〝お化け役〟として利用されるだろう〉

まさに、このとおりですね。

謀略に陥った日中戦争

［1919年］モスクワでボリシェビキとユダヤの合同会議が開かれ、日支闘争計画案が採択されます。その内容は次のとおり（渡部悌治『ユダヤは日本に何をしたか』成甲書房より）。

① 日本と支那の内部破壊を図る。
② 支那に反日運動を起こさせる。
③ 日支武力闘争から、ソ連・米国が干渉する戦争へ発展させて日本を倒す。
④ 欧州に社会革命を起こさせる第二次の世界大戦を計画する。

［1924年］ソ連は中国に国民党の軍官学校を設立させ、校長に蔣介石を任命します。翌25年には、モスクワに中国人学生のための中山大学を設立。毎年数百名の共産主義者が中国へ送り返され、コミンテルンの指揮下で反日運動を扇動しました。

コミンテルンとは、ジュゼッペ・マッチーニによる青年運動の流れを汲む、世界に革命を広げるための国際的共産主義組織です。つまり、中国の覇権を争った国民党も共産党も、ともにコミンテルンによって設立されたわけです。まさに「両建て作戦」ですね。

［1937年］日中戦争の発端となった盧溝橋《ろこうきょう》事件が起きます。1939年に興亜院政務部が作成した「盧溝橋事件に関するコミンテルンの指令」という資料が残っています。

① あくまで局地解決を避け、日支全面衝突に導くこと。

②あらゆる手段を利用し、局地解決や日本への譲歩によって支那の解放運動を裏切る要人は抹殺すること。
③下層民衆を扇動して、国民政府を対日戦争開始に追い詰めること。
④対日ボイコットを拡大し、日本を援助する国はボイコットで威嚇《いかく》すること。
⑤紅軍は国民政府軍と協力する一方、パルチザン的行動に出ること。
⑥共産党は国民政府軍下級幹部、下士官、兵士及び大衆を獲得し、国民党を凌駕《りょうが》する党勢に達すること。

こう見ると、日中戦争はコミンテルンの策略の結果であったことは明らかだと思います。

国際連盟

［1917年］米国で、アメリカ・シオニスト機構が誕生します。

アメリカで最も尊敬されていた非ユダヤ人（マラーノだという説もあります）の法律家ルイス・ブランダイス（のちに最高裁判事）が総裁となり、シオニスト運動に精力を注ぐようになってから影響力が増大しました。ちなみにこのブランダイスは、日本国憲法の事実上の草案作成者でもあります。

［1918年］第一次世界大戦が終了します。11月にウィルソン大統領の〝十四か条の平和原則〟をドイツが受け入れたことで休戦が成立したのですが、この〝十四か条の平和原則〟はルイス・ブランダイスが作成しました。

この提案の中にあった国際平和機構が、のちに国際連盟となります。

［1919年］戦後賠償問題を取り決めるパリ講和会議が始まります。会議へ臨むウィルソン大統領の顧問団は、ウォール街の銀行家と国際共産主義者から構成され、米国の議員は民主党員さえ同行していませんでした。

パリ講和条約の主要部分を決定したのは、バーナード・バルーク、フィリップ・サスーン卿、ジョルジュ・マンデル（本名ジェロボーアム・ロスチャイルド）の三人で、彼らは国際労働者会議を発足させ、賠償委員会を準備し、パレスチナをユダヤ人に与え、世界連盟と国際裁判所をつくりました。

第一次大戦で敗北したドイツは、戦時賠償金として1320億マルクという戦前のG

シオニスト運動に力を注ぎ、日本国憲法の草案作成者でもあるルイス・ブランダイス。

DPの3倍近い金額を請求されましたが、その支払い先はモルガン商会でした。なぜなら、英国が戦争中にモルガン商会から多額の借金をしていたためであり、ドイツからの賠償金はその返済にあてられたのです。米国と英国がつくった賠償委員会は、実は、ほとんどがモルガン商会などの銀行家によって構成されていました。

この巨額の賠償金を支払うため、ライヒスバンク（ドイツの中央銀行）は国債と交換に通貨を乱発。ハイパーインフレが起き、1923年には物価が20億倍に跳ね上がりました。

この驚異的なインフレが、ヒトラー政権の誕生につながります。

パリ講和会議では、アラブ代表ファイサルがバルフォア宣言を了解するというワイツマン＝ファイサル協定も結ばれました。これにより、アラブ人の反英・反ユダヤ闘争が始まります。

では、再びロスチャイルドの世界革命行動計画を見てみましょう。

〈⑪自ら戦争を誘発しながら、敵対するどちらの側にも領土の獲得が生じない和平会議を主導しなければならない。戦争は対立する双方の国家がさらに負債を抱え込み、我々の代理人の手中に落ちるよう主導されなければならない〉

［1919年］ロンドン金属取引所でロスチャイルド5社による金取引の独占支配が確立されます。ロスチャイルド5社とは、N・M・ロスチャイルド、サミュエル・モンタギュー商会、シャープス・ピクスレイ、ジョンソン・マセソン、そしてモカッタ&ゴールドシュミットです。

同じく1919年、ドイツでナチ党、イタリアでファシスト党が結成されます。ナチスは、アヴェレル・ハリマン、プレスコット・ブッシュ、J・P・モルガン、ウォーバーグ兄弟、シュローダー兄弟など、ウォール街とシティの国際銀行家たちから莫大な資金を受け取っていました。また国際決済銀行もナチスの財源確保に加担しました。

［1920年］国際連盟が設立されます。

シオニスト運動指導者のナホム・ソコロウは「国際連盟はユダヤ人の発想である。25年の戦いの後それをつくった」という発言を残しています。

［1921年］米国で外交問題評議会（CFR）がエドワード・マンデル・ハウスによって設立されます。

初代会長はポール・ウォーバーグで、創設会議にはジェイコブ・シフ、J・P・モルガン、バーナード・バルーク、アヴェレル・ハリマン、ジョン・D・ロックフェラー、ウォルター・リップマン、ジョン・フォスター・ダレス、アレン・ダレス、クリスチャン・ハーターなど錚々たるメンバーが参加しました。

以降、米国政権の要職はCFRのメンバーによって占められます。

世界恐慌から世界金融支配のためのBIS設立へ

［1929年］ウォール街の大暴落をきっかけに世界恐慌が始まります。

その原因は、1920年代にFRBの指示で銀行が信用創造量を増やしたことによります。融資の担保は主に株券であり、その結果、株価は高騰、バブルが発生します。株価がピークを迎えると、FRBは一転して銀行の信用創造を厳しく抑制。お金の流通量をわざと減らして大恐慌を引き起こしました。このことはミルトン・フリードマンはじめ多くの経済学者が指摘しています。

この恐慌により1万6000もの銀行が倒産し、そのほとんどはモルガンとロックフェラーが吸収・合併していきました。また、紙切れ同然となった企業の株券も買い占め、両者の独占状態になります。銀行や企業だけでなく、融資を返済できなくなった農家も広大な土地を没収されたため、飢饉《ききん》が発生します。この土地の多くもウォール街の金融財閥の関係企業に買い取られました。

［１９３１年］景気回復という名目のもと金の回収がおこなわれます。懲役10年という罰則のもと、米国民すべてが金貨や金塊を財務省で紙幣と交換することを義務付けられました。そして、１９３９年末には兌換紙幣が廃止され、紙幣と金はもう交換できなくなりました。つまり、合法的に金の強奪がおこなわれたのです。

金融危機を防ぐ名目で設置されたＦＲＢでしたが、連邦準備制度が成立してから、１９２１年、１９２９年の株価暴落、そして１９２９年から１９３９年の大恐慌、１９５３年、57年、69年、75年、81年の景気後退、89年のブラックマンデーを経験し、１００％のインフレでドルの購買力の90％が破壊されています。つまり、ＦＲＢは何の役にも立ってないのです。

再びロスチャイルドの世界革命行動計画を見てみましょう。

〈⑮我々の力を行使すれば、失業と飢えがつくりだされ、大衆にのしかかる。そうすれば、確実な資本の支配力が生じる〉

［1929年］中央販売機構CSOが設立され、ロスチャイルドによるダイヤモンドの世界的独占支配が確立します。

［1930年］中央銀行の中央銀行である国際決済銀行（BIS　通称バーゼル・クラブ）が設立されます。

BISの前身は、パリ講和会議でドイツに苛酷な賠償を課した賠償委員会です。

BISは、毎月、各国の中央銀行総裁が集まって、国際金融上の諸問題、マクロ経済の調整について話し合う場とされていますが、中央銀行総裁が毎月集まれるはずもなく、実際は事務局が取り仕切っています。その事務局長は、代々、ロスチャイルドのフランス〝二百家族〟から出ています。

次頁の図は世界の金融支配構造を表したものですが、頂点にはシティを動かすロスチャイルド一族を中心とした国際金融資本カルテルがあります。

その下に中央銀行の中央銀行であるBIS。

その下にECBやFRB、それに日銀など各国の中央銀行があります。

その下が市中銀行ですね。

世界の金融支配構造

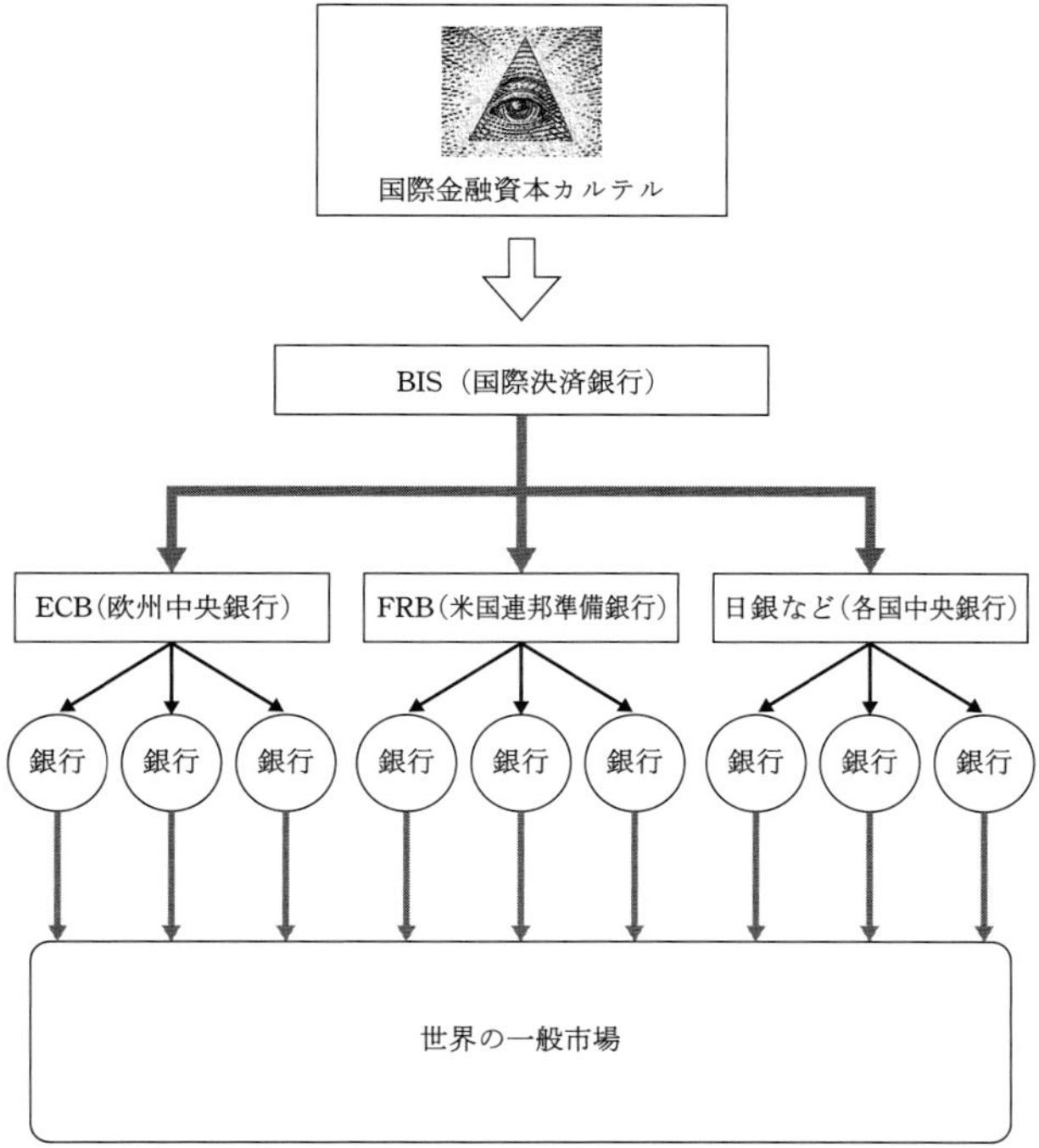

自由市場など幻想にすぎない。世界の金融はすべて一握りのグループの支配下にあるのだ。

さらにその下に証券や債券、商品などを扱う一般の市場があります。

各業種の成長力をコントロールするのは銀行融資による信用創造量です。例えば、エネルギー産業を伸ばしたいと思っても、そこにお金が投資されなければ、伸びることはできませんよね。だから、彼らが独占している石油や原子力を脅かす新エネルギーなどにはなかなか投資されないのです。逆に、彼らが伸ばしたい産業に研究費や設備を重点的に投資することで、その産業を伸ばすことも可能です。ですから、信用創造量を通して経済はコントロールすることができるのです。

ナチス・ドイツ

［1931年］満州事変が勃発します。この年、フランシス・リンドレーが駐日イギリス大使として着任。翌年にはジョゼフ・グリューが駐日アメリカ大使として着任しています。

このグリューはモルガン一族、リンドレーはロスチャイルド一族です。そして、両者共にモルガン・グレンフェルの代理人でした。

信用創造を通して経済はコントロールできる

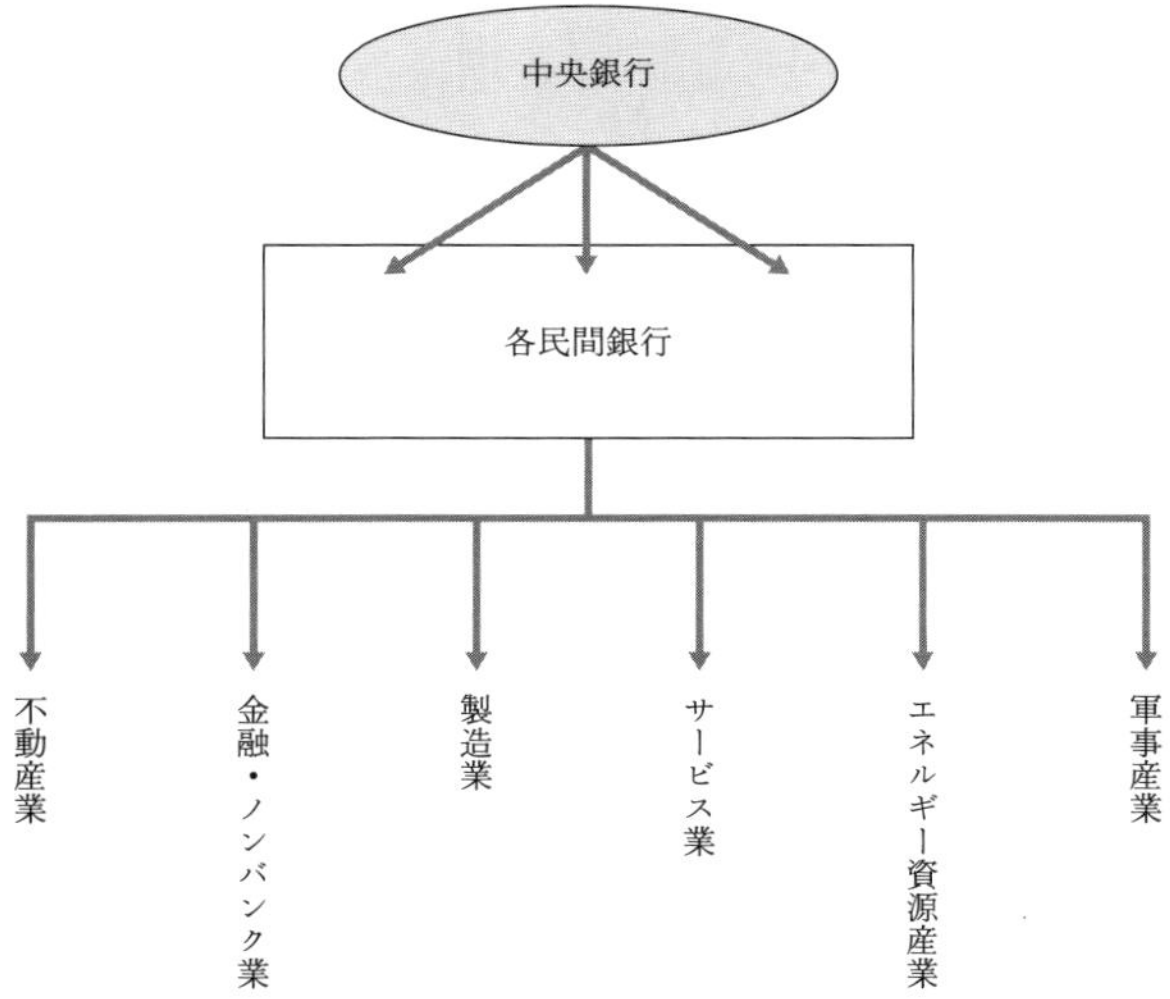

各業種の成長力をコントロールするのは銀行融資による信用創造量。

［1933年］ドイツでナチスが政権を握り、ヒトラーが首相に就任。翌年、総裁となります。

同じく1933年、フランクリン・D・ルーズベルトが米国大統領に就任します。ルーズベルトは、世界初のケインズ政策であるニューディールを実施。ケインズ政策とは、政府による財政出動で有効需要を創出するというもので、下記のような経済刺激策をおこないました。

・テネシー渓谷開発公社などの公共事業
・民間資源保存団による大規模雇用
・全国産業復興法による労働時間の短縮や最低賃金の確保
・農業調整法による生産量の調整など

ニューディールに関しては評価が分かれます。というのは、効果が実証される前に第二次大戦が始まってしまい、その軍事特需で景気が回復したからです。

確かなことは、戦後、日本のようにケインズ政策を取り入れた国が多く出たこと。ニューディールによって200万ドルもの赤字が出たこと。

この景気対策によってルーズベルトは絶大な支持率を獲得したこと。

そして、その支持率を背景に、ルーズベルトが米国を第二次大戦参戦へ導いたことで

アドルフ・ヒトラー

フランクリン・ルーズベルト

す。

「1939年」第二次大戦勃発。

ナチス・ドイツはソ連と不可侵条約、翌年にはドイツ・ソ連通商協定を結び、ヒトラーは「賤《いや》しいユダヤ人」「呪うべき共産主義者」と攻撃していたはずの共産主義ソ連と手を組んで、石油・貴金属・穀物の供給を受けました。

ドイツは日本と同じで石油が出ないので、ドイツに戦争をやめさせたければ石油の供給を止めればいいのです。しかし、ドイツにソ連のバクー油田から石油を供給して戦争を継続させたのは、ロスチャイルド＝ノーベル財閥の石油会社シェル（敵国である英国籍）でした。

ドイツとの奇妙な関係は、これだけではありません。ナチスにユダヤ人を迫害させたのはシオニストだという証言が、ユダヤ人を中心にたくさん出ています（出典：ヘブライの館2「ナチスとシオニストの協力関係」 http://hexagon.inri.client.jp/floorA6F_hd/a6fhd300.html）。

「マーク・レイン」（反シオニズムのユダヤ人）

「ヒトラーはユダヤ人絶滅命令を1回として出してはいない。彼が部下に命じたのは追放することのみであった。そのユダヤ人追放が大量に達したとき、ヒトラーは当時のシオニズムの指導者であったハイム・ワイツマン（世界シオニスト機構・総裁、のちに初代イスラエル大統領）にある取引を申し出た。ユダヤ人たちをそちらに渡す代わりにドイツへの経済援助を求めたのである。これは歴史的事実である。しかし、ワイツマンはそれを断った。ユダヤ人たちが迫害され、あるいは殺されることによってそれがイスラエル建国のバネとなり、また戦争後のユダヤ人たちが世界にアピールしていくときのバネになると、彼ははっきり答えたのだ」

［ナイム・ギラディ］（ユダヤ人ジャーナリスト）

「いつでも歴史において犠牲になるのは特権階級ではない、金持ちでもない、指導者たちでもない、一般庶民たちなのである。ナチス・ドイツの犠牲となったのは、そのような哀れむべきユダヤ人たちだった。しかしシオニスト指導者たちは、その犠牲となったユダヤ人たちの上に立って自分たちの主義主張を今に至るまで展開しているのである。言葉を換えれば、一般のユダヤ人の犠牲を利用しているといっても過言ではないだろう」

［ハビブ・シーバー］（イスラエル建国の功労者、のちに反シオニスト）

「反ユダヤなどというものは、この世界のどこにもない。反ユダヤはシオニストたちが自分たちの都合のためにつくり出す騒ぎなのである」

［元ナチス高官］

「アイヒマンはシオニスト・ユダヤ人について知りすぎていた男だった。ヒトラーはユダヤ問題解決のため、アメリカやイギリスと極秘のうちに話し合いを進めていた。その時の連絡係を果たしたのがアイヒマンだった。役目上彼は国際ユダヤ組織のトップたちと何度となく話し合っている。そして彼らの考えを克明に記録に残したのだ。アイヒマンは彼らに対して、もしアメリカもイギリスもユダヤ国家建設に協力しないなら、ドイツとしては彼らを隔離するために収容所に入れざるをえないだろうとまで言った。すると彼らは反対するどころか、大賛成の意を表明したのだ。さすがにアイヒマンもこれにはビックリしていた。彼らのうちの誰が何を言ったかまでアイヒマンは記録していた」

ホロコーストという言葉は、ナチスによるユダヤ人大虐殺と同義に使われますが、本来は「神に捧げる犠牲」という意味です。ユダヤ人600万人がナチスに殺されたというのは誇張があるかもしれません。なぜなら、戦前のユダヤ人の人口は約1600万人、戦後は約1470万人と、人口を比べると130万人ほどしか減っていないのです。その上、ソ連領内で100万人のユダヤ人が減っていることがヨハネス・ロスクランツの調査によって確認されています（＊11）。

他国への移住者も数多くいたので、せいぜい数万～数十万人でなければ計算が合いません。強制収容所内での飢えや病気が原因の死亡者も多くいたと思われます。ただ、ある種のユダヤ人が迫害を受けたことは事実で、シオニズムに反対したユダヤ人たちはイスラエル建国のために、まさしく「神に捧げる犠牲」とされたようです。

1939年、原爆製造のマンハッタン計画がスタートします。ウランの調達は、アフリカのベルギー領コンゴ、カナダのグレートベア鉱山、アメリカのコロラド州カルノー鉱山でおこなわれましたが、3箇所ともロスチャイルドの支配下にある鉱山でした。

マンハッタン計画の監督を務めたのが、ロスチャイルド一族でハンブローズ銀行のチャールズ・ジョスリン・ハンブローです。

また、マンハッタン計画は、核物理学や資源確保という面で国際的な作戦計画であり、そのリーダーは、のちに国際原子力機関（ＩＡＥＡ）を創設するベルトラン・ゴールドシュミットでした。ベルトラン・ゴールドシュミットの妻の名は、ナオミ・ロスチャイルドです。

銀行家たちの罠に落ちた真珠湾攻撃

１９４１年12月７日、日本軍による真珠湾攻撃により米国との戦争が始まります。世論調査では米国民の97％が欧州戦争参戦に反対していたので、ルーズベルトは大統領選挙で再選される前に「攻撃を加えられた場合を除いて」外地での戦争に息子たちを送りはしないと繰り返し発言していました。

その２ヶ月後、大統領主席補佐官ハリー・ホプキンスは、英国首相チャーチルに「我々が共同してこの戦争を勝ち抜くことを大統領は決意しています」と伝えています。

この矛盾を解消するため、敵国から攻撃を受けて、仕方なく「参戦せざるを得ない」状況をつくる必要がありました。

再びロスチャイルドの世界革命行動計画です。

戦艦オクラホマに魚雷が命中した瞬間。

炎上するアメリカ戦艦アリゾナ。日本はアメリカの参戦を望むロスチャイルドら銀行家たちの策略にはまって真珠湾を攻撃した。

〈⑰代理人は大衆受けのするスローガンを生み出せるよう訓練されなければならない。大衆には惜しみなく約束しなければならないからである。約束された事と反対の事は、のちになれば常におこなえる〉

日本を追いつめて米国に宣戦布告させれば、三国協定により自動的にドイツ・イタリアとも戦えるようになります。

11月26日、日本が日露戦争以降に東アジアで築いた権益のすべてを放棄することを求めたハル・ノートを突き付けられ、日本は米国との交渉打ち切りを決定。戦争を決意します。

このハル・ノートの作成者は、財務次官ハリー・デクスター・ホワイトでした。国務長官コーデル・ハルも提案書を書いていたのですが、ソフトな内容だったために、より過酷な内容のホワイト案の方をルーズベルトは採用しました。

のちにハリー・デクスター・ホワイトはソ連スパイであったことが発覚して逮捕されています。その時に明らかになったことは、ホワイトがソ連からの指示を受けてハル・ノートを作成したということです。（鬼塚英昭『原爆の秘密』成甲書房によれば、ホワイトはロスチャイルドの血族との説もあるようです。）

当時、共和党議員の90％、民主党議員の50％が戦争に反対していたため、ルーズベルトは議会には内緒で戦争を挑発するような内容のハル・ノートを日本に提示しました。日本は、開戦した場合「まず真珠湾の米艦隊を叩く」という戦略を1941年1月には固めていましたが、この情報は駐日大使ジョセフ・グルーを通して国務長官コーデル・ハルに伝えられていました。

日本では、大使館というと親善を深める場所だと思っている人が多いようですが、世界の常識としては情報収集がおこなわれる機関で、スパイの巣窟なのです。

ちなみに、コーデル・ハルはジェイコブ・シフの親戚です。

ハル・ノートを突き付けられる前日、11月25日付の陸軍長官ヘンリー・L・スティムソンの日記には「問題はいかに彼らを誘導して、我々があまり大きな損害を蒙《こうむ》ることなく、最初の弾を撃たせるかだ。これは難しい計略だ」と書かれていました。

同じく11月25日、ルーズベルトの秘書ヘンリー・シンプソンが、ルーズベルトの会話記録を残しています。

「問題はどうやって我々が日本に先制攻撃をさせるかである。日本に先制攻撃を仕掛けさせ、どちらが侵略者かを明確にさせることが理想だ」

ワシントンの現地時間で12月6日午後3時、日本の宣戦布告文が14部に分割されて、順次ワシントンの日本大使館に送信されましたが、それらは同時に傍受・解読されて、午後9時30分にはルーズベルト大統領のもとに届けられていました。

しかし、ワシントンからハワイへは何の情報もないまま、12月7日7時52分に攻撃が始まり、米太平洋艦隊は艦船16隻が大破、航空機188機が破壊され、2273人が死亡、1119人が負傷しています。

米国本土では、これを機に反戦ムードが一転。翌8日に米国議会は日本に対する宣戦布告を決議。

その3日後にはドイツ・イタリアへも宣戦布告しています。

ドルを世界の基軸通貨に

［1944年］まだ戦争が終わっていない段階で、戦後の国際通貨体制に関する会議、ブレトン・ウッズ会議が開かれました。

英国代表は経済学者のジョン・メイナード・ケインズ、米国代表はハル・ノートの作成者、財務次官のハリー・デクスター・ホワイトでした。ケインズはフェビアン社会主義者で、ホワイトは国際共産主義者です。社会主義者と共産主義者が協議して戦後の〝資本主義体制〟を決定するという実に不可思議な会議でした。

この会議を取り仕切ったのが、米国財務長官のヘンリー・モーゲンソーJr.《ジュニア》です。ヘンリー・モーゲンソーJr.は、日独に苛酷な賠償請求を課したモーゲンソー・プランの提唱者で、父親はロスチャイルド一族の銀行家ゴールドスミス家、母親はロスチャイルド一族の鉱山王グッゲンハイム財閥の出身という人物です。

このブレトン・ウッズ会議で、ドルが世界の基軸通貨と定められました。

基軸通貨を説明する前にシニョリッジについて説明しておきましょう。シニョリッジとは通貨発行益といわれ、通貨発行者だけが独占的に得ることができる利益です。例えば、金１g《グラム》＝１０００円の時、金１gを使って２０００円金貨を鋳造すれば、貨幣発行者は１０００円の差額を利益として得ることができます。現在では、お金をつくる費用は印刷代と紙代だけですから、ほとんどまるまる差益となります。

つまり、世界の基軸通貨という地位を得た米国は、ドルを印刷するだけで世界中から好きなものを手に入れることができるのです。

途上国を支配するＩＭＦと世界銀行

このブレトン・ウッズ会議では、国際通貨基金（ＩＭＦ）と世界銀行の創設も決まりました。

この両機関は、ＷＴＯと共にグローバリゼーションを推進する中心勢力であり、同時に途上国を支配する機関でもあります。

かつての植民地は、戦後、次々と独立を果たし、工業発展途上国と呼ばれるようになりました。この名前のとおり、途上国はもともと資源供給地にされていたので、工業技術力では相手にならないほど差をつけられていました。それに、輸送手段と販路を既に握られているので、先進国のように世界各地へ売りさばくことができません。貿易で豊かになろうと思えば一次産品の輸出を続けるしかなく、百数カ国の途上国がたった30品目程度しかない一次産品を競って輸出したため、60年代以降に価格が暴落します。慢性的な赤字を抱えるようになった途上国は、ＩＭＦや世界銀行から借金をするのですが、その際、構造調整プログラムというものを受け入れることを条件にされ、債務国は自国の経営権を失うことになります。

その構造調整プログラムの内容は次のようなものです。

・緊縮財政（医療、教育、福祉、保険、環境整備予算の削減、あるいは公務員の解雇、賃下げ）
・付加価値税などの増税
・公的企業の民営化（教育機関や医療機関も含む）
・生産性や外貨を向上させる産業の促進（森林伐採、ダム建築、換金作物と呼ばれるコーヒー、ココア、サトウキビ栽培など）
・高金利や通貨切り下げ
・各種規制緩和を始めとする、金融、投資、貿易の自由化

つまりは、医療、教育、福祉などの補助や環境保護、公的サービスを切り詰めて借金を返済させる。

増税して国民からお金を集め借金を返済させる。

利益をあげられるような公的部門は売却して、その収入で借金を返済させる。

自然を外国企業に売って借金を返済させる。

自国民が食べる食糧をつくるのもやめさせ、外貨が稼げる換金作物をつくらせ、それ

を外国に売って借金を返済させる。債務の返済は、ドル、ユーロ、ポンド、円など、国際市場で他国の通貨と自由に交換できるハードカレンシーでおこなわなければならないので、外貨獲得のため、唯一外貨を稼げる一次産品を生産・販売することになります。そうするとさらに価格は暴落。それでも借金は返済しなければならないのでダンピングして輸出します。こうして、食べ物をつくっているにもかかわらず、その作っている人が餓えて死ぬという「飢餓輸出」と言われる現象が起こりました。

通貨の価値を下げ、輸出を増やし輸入を減らして貿易黒字にし、その黒字で借金を返済させる。しかし、通貨を切り下げると、自動的に借金は何倍にも膨らみます。例えば、100分の1に切り下げられれば、借金は自動的に100倍に膨らむのです。こうして途上国は借金地獄へと落ちていきます。

そして、規制を緩和して多国籍企業が参入しやすい環境を整える。

このような政策を強要され、途上国は再び債務という鎖に繋がれた奴隷と化したのです。

米国による新植民地主義の手口を例として見ておきましょう。

まずは米国が資金提供し、あるいは軍事力で、民主化運動を弾圧し、親米の独裁政権をつくりあげます。

その親米政府に様々な法律をつくらせ、外国企業が自由に土地を使い、高い利益を上げられる環境をつくります。

軍隊を使い、虐殺行為を繰り返し、特定の地域の住民を追い出し、土地を外国企業のために確保。その国からは多額のＯＤＡ（政府開発援助）が親米政府に出されます。

そして、空いた土地に続々と外国企業が進出。外国企業は、人権無視、環境破壊等をおこなって経済効率を高め、油田・鉱山・食物プランテーション開発、木材伐採をおこないます。

こうして多国籍企業は、自ら手を汚すことなく侵略を実現し、資本を広げ、利益を得られるのです。

土地を奪われた人たちは抵抗勢力となって戦いますが、それは〝テロリスト〟と呼ばれ、圧倒的軍事力で弾圧されることになります。

再びロスチャイルドの世界革命行動計画を見てみます。

〈㉑ゴイムからその不動産、産業を奪うため、重税と不当競争を組み合わせてゴイムの経済破綻を引き起こさなければならない。国際舞台においてゴイムが商売ができないように仕向けることは可能である〉

出典・注釈

（＊6）John Robison『Proofs of a Conspiracy』
http://www.sacred-texts.com/sro/pc/index.htm

（＊7）『ユダヤの告白』ポール・ゴールドスタイン、ジェフリー・スタインバーグ共著　宇野正美訳（エノク出版）

（＊8）1921年『ラ・ヴィエーユ・フランス』誌で発表。

（＊9）『ブレジンスキーの世界はこう動く』ズビグニュー・ブレジンスキー　山岡洋一訳（日本経済新聞社）

（＊10）12の特権的都市とは、ニューヨーク、リッチモンド、ボストン、フィラデルフィア、クリーブランド、シカゴ、セントルイス、アトランタ、ダラス、ミネアポリス、カンザスシティ、サンフランシスコ

（＊11）Johannes Rothkrantz "Die kommmende" <Diktator der Humanitaet>

第6章

ロスチャイルド関連の世界史②

――戦後世界の枠組みも彼らが作った！

原爆投下と国連

前章にひきつづき、戦後の世界を見ていきます。

［1945年］第二次世界大戦が終了します。

日本は、1月には敗戦を確信し、講和交渉を模索していました。しかし、ルーズベルト政権はそれを無視し続け、引き継いだトルーマン大統領は、原爆の完成を待って、その威力を実証するために広島と長崎へ投下します。

何故ルーズベルトが無視し続けたのかと言えば、前年の9月に英国首相チャーチルと「日本に原爆を落とす」という約束（ハイドパーク協定）をしていたからです。ですから、戦争を終わらせるためにやむを得なく原爆を投下したという米国の言い分はまったくの嘘です。

ちなみに、チャーチルはマルボロ公爵家の貴族で、モルガン・グレンフェルのグレンフェル家とは親戚であり、終生、ロスチャイルドの忠実な代理人として働いたと言われる人物です。

1945年８月９日、長崎に落とされた原子爆弾のキノコ雲。

長崎に投下されたファットマン。

広島に投下されたリトルボーイ。

被爆直後の広島。

第二次世界大戦の結果、国際連盟の後身である超国家機関、国際連合が成立しました。国際連合は英語で言えばUnited《ユナイテッド》 Nations《ネイションズ》であり、つまりは戦勝国である連合国そのままです。

国連本部ビルの敷地は、ジョン・D・ロックフェラー2世が寄贈しました。

国際連合憲章を起草した米国務省高官アルジャー・ヒスは、ハリー・デクスター・ホワイト（ルーズベルト政権の財務次官補）同様のちにソ連スパイであったことが発覚して逮捕された国際共産主義者でした。

第二次世界大戦の結果、共産主義者はドイツの半分と、ヨーロッパとアジアの半分を手に入れました。そして、イスラエルが建国され、西ドイツの莫大な賠償金はイスラエルへの援助に割り当てられています。この結果を見れば、第二次世界大戦の受益者は、共産主義者とシオニストであったことは明らかではないでしょうか。

ここで再びアルバート・パイクの未来計画を思い出してみましょう。

〈第二次大戦は、「ドイツの国家主義者」と「政治的シオニスト」の間の圧倒的な意見の相違の操作の上に実現されることになる。その結果、ロシアの影響領域の拡張と、パレスチナに「イスラエル国家」の建設がなされるべきである〉

大衆を政治的無関心にさせる占領政策

米国による日本占領政策は、基本原則である3Rと重点的施策5D、それに補助政策である3Sから成っています。

［3R＝基本原則］

①　復讐（Revenge）

②　改組（Reform）

③　復活（Revive）

［5D＝重点的施策］

①　武装解除（Disarmament）

②　軍国主義の排除（Demilitarization）

③　工業生産力の破壊（Deindustrialization）

④　中心勢力の解体（Decentralization）

⑤　民主化（Democratization）

［3S＝補助政策］

①　スポーツの奨励（Sports）

②　セックスの解放（Sex）

③　映画の奨励（Screen）

この3S政策には、現代の日本人は見事にはまっていますね。愚民化政策である3Sは、大衆を娯楽に夢中にさせて政治に関心を向けさせないという効果と、日々の労働の辛さを緩和する鎮痛剤の役割を持っています。実にシンプルかつ効果的で、上手い政策であると思います。

この占領政策を立案したのは、ルーズベルト政権下でニューディールを実施した、いわゆるニューディーラーと言われる人たちで、彼らは国際共産主義者であり、ほとんどがユダヤ人でした。

日本国憲法草案作りの実務責任者はGHQ民政局次長のチャールズ・ケーディスで、ケーディスの師匠が、第一次大戦後の〝十四か条の平和原則〟を作成したあのルイス・

ブランダイスという関係です。

GHQによる言論統制

［1945年9月21日］「日本新聞遵則《じゅんそく》（プレス・コード）」と「日本放送遵則（ラジオ・コード）」が報道関係者に公表されました。

［日本出版法］

第1条　報道は厳に真実に則するを旨とすべし。

第2条　直接又は間接に公安を害するが如きものは之を掲載すべからず。

第3条　聯《れん》合国に関し虚偽的又は破壊的批評を加ふべからず。

第4条　**聯合国進駐軍に関し破壊的批評を為し又は軍に対し不信又は憤激を招来するが如き記事は一切之を掲載すべからず。**

第5条　聯合国軍隊の動向に関し、公式に記事解禁とならざる限り之を掲載し又は論議すべからず。

第6条　報道記事は事実に則して之を掲載し、何等筆者の意見を加ふべからず。

第7条　報道記事は宣伝の目的を以て之に色彩を施すべからず。
第8条　宣伝を強化拡大せんが為に報道記事中の些末的事項を過当に強調すべからず。
第9条　報道記事は関係事項又は細目の省略に依つて之を歪曲すべからず。
第10条　新聞の編輯《へんしゅう》に当り、何等かの宣伝方針を確立し、若しくは発展せしめんが為の目的を以て記事を不当に顕著ならしむべからず。

「1945年9月29日」「新聞と言論の自由に関する新措置」を発令。連合国に不都合な記事はすべて封じ込められました。

太平洋陸軍総司令部参謀第二部民間検閲支隊内に新聞映画放送部（PPB）が新設され、主要新聞は事前検閲、それ以外の新聞は事後検閲となります。あらゆる形態の印刷物、通信社、ラジオ放送、映画、宣伝媒体に属する他の娯楽も検閲を受けることになりました。これにより、マスコミは日本国に対する忠誠義務から解放されます。

「削除または掲載発行禁止の対象となるもの」として30項目からなる検閲指針がまとめられました。

①　SCAP――連合国最高司令官総司令部に対する批判

②　極東軍事裁判批判
③　ＳＣＡＰが憲法を起草したことに対する批判
④　検閲制度への言及
⑤　合衆国に対する批判
⑥　ロシアに対する批判
⑦　英国に対する批判
⑧　朝鮮人に対する批判
⑨　中国に対する批判
⑩　他の連合国に対する批判
⑪　連合国一般に対する批判
⑫　満州における日本人取り扱いについての批判
⑬　連合国の戦前の政策に対する批判
⑭　第三次世界大戦への言及
⑮　ソ連対西側諸国の「冷戦」に関する言及
⑯　戦争擁護の宣伝
⑰　神国日本の宣伝

⑱　軍国主義の宣伝
⑲　ナショナリズムの宣伝
⑳　大東亜共栄圏の宣伝
㉑　その他の宣伝
㉒　戦争犯罪人の正当化および擁護
㉓　占領軍兵士と日本女性との交渉
㉔　闇市の状況
㉕　占領軍軍隊に対する批判
㉖　飢餓の誇張
㉗　暴力と不穏の行動の扇動
㉘　虚偽の報道
㉙　ＳＣＡＰまたは地方軍政部に対する不適切な言及
㉚　解禁されていない報道の公表

こうして連合国批判や東京裁判批判につながる一切の言論が封じ込められたのです。

罪悪感を植えつけるウォー・ギルド・インフォメーション

ウォー・ギルド・インフォメーションとは、日本人に戦争の罪悪感を植えつけ、民族の誇りと自尊心を奪い、再び米国および連合国の脅威とならないよう、無力化、弱体化させることを目的とした民間情報教育局（ＣＩ＆Ｅ）の計画です。

検閲と民間情報教育局による宣伝が相乗効果を発揮し、戦前の日本人の歴史観・道徳観を変えられました。

１９４５年12月８日から新聞各紙で『太平洋戦争史』の連載が開始されました。連合軍司令部が提供したその記事は、日本軍がいかに残虐であったか、日本の軍国主義者がいかに非道であったかを強調する内容でした。『太平洋戦争史』連載開始から1週間後に「大東亜戦争」という呼称は禁止され、日本人の立場による大東亜戦争史観を封印し、連合国の立場による太平洋戦争史観が植え付けられました。

民間情報教育局は『太平洋戦争史』を基にラジオ番組『眞相はかう《こ》だ』の放送を開始。この番組は名称を変えながら１９４８年1月まで続きます。

さらに、１９４５年12月31日に民間情報教育局は、修身・国史・地理の授業を即時中止するように命令。翌年4月、文部省は『太平洋戦争史』を国史等授業停止中の教材として使用するよう通達し、太平洋戦争史観が教育現場に浸透することになります。

戦後日本のコントロール

［1946年］この年から日本の戦後復興が始まります。米国は占領地域に対して、ガリオア（占領地域救済政府基金）とエロア（占領地域経済復興基金）という2つの基金を持っていて、日本は、これらの基金から救済・復興支援を受け、合計18億ドル（現在価値で約12兆円相当、内13億ドルは無償）が、国鉄、電気通信、電力、海運、石炭などインフラ整備の原資となりました。

1953年からは世界銀行の借款受入を開始。1966年までの間に、計34件、合計8億6290億ドルの借款契約を締結。インフラ及び基幹産業（道路、電力、鉄鋼など）の整備に使われています。この世界銀行の債務は、1990年7月になってようやく完済しています。

これらの借金について、どんな条件が課せられたのか定かではありませんが、おそらく何かしらの条件は付けられていたものと思われます。

［1950年］朝鮮戦争が勃発。

日本の逆コース（GHQの戦略だった日本の民主化・非軍事化に逆行する動き）が始まります。推進したのはジャパン・ロビーのアメリカ対日協議会（ACJ）で、首謀者は『ニューズウィーク』の記者ハリー・F・カーンでした（ジョン・G・ロバーツ、グレン・デイビス『軍隊なき占領』講談社による）。

私的な見解ですが、逆コースが始まった理由は、米国でジョセフ・マッカーシーによる「赤狩り」が始まったためだと思います。

マッカーシーは議会で「イルミナティがアメリカ合衆国に存在し、何年間も存続しつづけてきたという完全、かつ疑う余地のない証拠を握っております。みなさん、私の手許にイルミナティの幹部ならびに団員の氏名、年齢、生誕地、職業などを記入した本物のリストがあるのであります」と演説しています。つまり、マッカーシーが告発し、批難・排斥しようとした「赤」とはイルミナティのことでした。

米国政権に巣食っていた国際共産主義者たちが、正体を暴かれそうになったので、急遽《きゅうきょ》、共産主義者を敵視し始めたのではないかと思います。

ちなみに、アイゼンハワー政権でCIAの心理戦争局の幹部であったC・D・ジャクソンは、ビルダーバーグ会議に出席したあと「マッカーシーが暗殺の銃弾に倒れようと、生体から腫瘍を切除する通常のアメリカ式手続きで排除されようと、ここに予言します。次回のビルダーバーグ会議までには彼はアメリカ政治の表舞台から消えているでありましょう」と発言しました。その予言どおり、マッカーシーは議会から排除され、失意のうちに、1957年、死因不明のまま死亡しています（アルデン・ハッチ『オランダ王子H・R・H・ベルンハルト』による）。

ハリー・F・カーンの所属する『ニューズウィーク』は、モルガン、メロン、ゴールドマン、ハリマンなどが大株主となっていますが、当時の『ニューズウィーク』の実権を握っていたのはアヴェレル・ハリマンだったと言われています。

マッカーサーは逆コースに強く反対したのですが、ディロン・リード社の副社長だった陸軍次官ウィリアム・H・ドレーパーがマッカーサーを説得し、日本を経済大国にすることで〝反共の砦《とりで》〟にしようとしました。その結果、日本は朝鮮特需から高度経済成長へと経済大国の道を歩み始めます。

ちなみに、GHQとの交渉を担当した大蔵省の渡辺武氏によれば、GHQが最初に持ち出してきた案件は、ディロン・リードへの返済をどうするかという話だったそうです（大蔵省財政史室編『渡辺武日記　対占領軍交渉秘録』東洋経済新報社による）。日本は

1931年には財政破綻をしていたので、第二次大戦を戦う戦費がなく、ディロン・リードから多額の借金をしていたようです。日本の対米戦争もディロン・リード社の金儲けとして利用されたことがうかがえます。このディロン・リードの支配者は、ディロン家、オーガスト・ベルモントのベルモント家、そしてペリー提督のペリー家です。

米国の手先となった日本の黒幕たち

戦後、A級戦犯に指名されていた児玉誉士夫、笹川良一、岸信介が釈放され、CIAのエージェントとして〝政界のフィクサー〟となります。

1968年には、統一教会の主導により、児玉誉士夫、笹川良一、岸信介らが〝反共の砦〟となるため「勝共連合」を結成、CIAと連携プレーをするようになったと言われています。

その後、この統一教会が政治家や秘書として日本の国政に潜入していきます。

統一教会は、日本のマスコミでは合同結婚式とか霊感商法での壺売りとか、怪しい宗教団体として話題になっていますが、米国の傀儡《かいらい》だった朴正熙政権の時代に、韓国の情報機関KCIAにフロント機関として取り込まれています（『軍隊なき占領』による）。

のちに朴正煕は米国に刃向かってKCIAに暗殺されていますから、CIA＝KCIA＝統一教会と見てもいいと思います。

巣鴨プリズン（拘置所）から釈放された3人のコネクションを図で表してみました。のちに首相となった岸信介の傍らには、いつもロビイストのハリー・カーンがくっついていたと言われています。つまり、お目付け役だったのでしょう。

岸信介の娘婿《むすめむこ》が安倍晋太郎、その息子が前・首相の安倍晋三です。

親戚には吉田茂がいて、その孫が麻生太郎です。

岸の弟がノーベル平和賞を受賞した佐藤栄作。

岸派を継承して福田派となった福田赳夫の息子が現・首相の福田康夫です。

福田派は、三塚派、森派となり、森派からは森喜朗、小泉純一郎、安倍晋三、福田康夫と最近の首相が4人連続で出ています。

ちなみに、小泉純一郎の父親、小泉純也は岸信介の忠僕と言われていた人物です。

右翼の大物、笹川良一は、日本船舶振興会の会長で、競艇で稼いだ金を政界工作につぎ込んできました。

親戚には大富豪の糸山英太郎がいて、糸山の親友が石原慎太郎。石原の親戚に小泉純一郎がいるという関係です。ただ、この石原―小泉は、最近、遠い親戚となったばかり

巣鴨プリズンコネクション

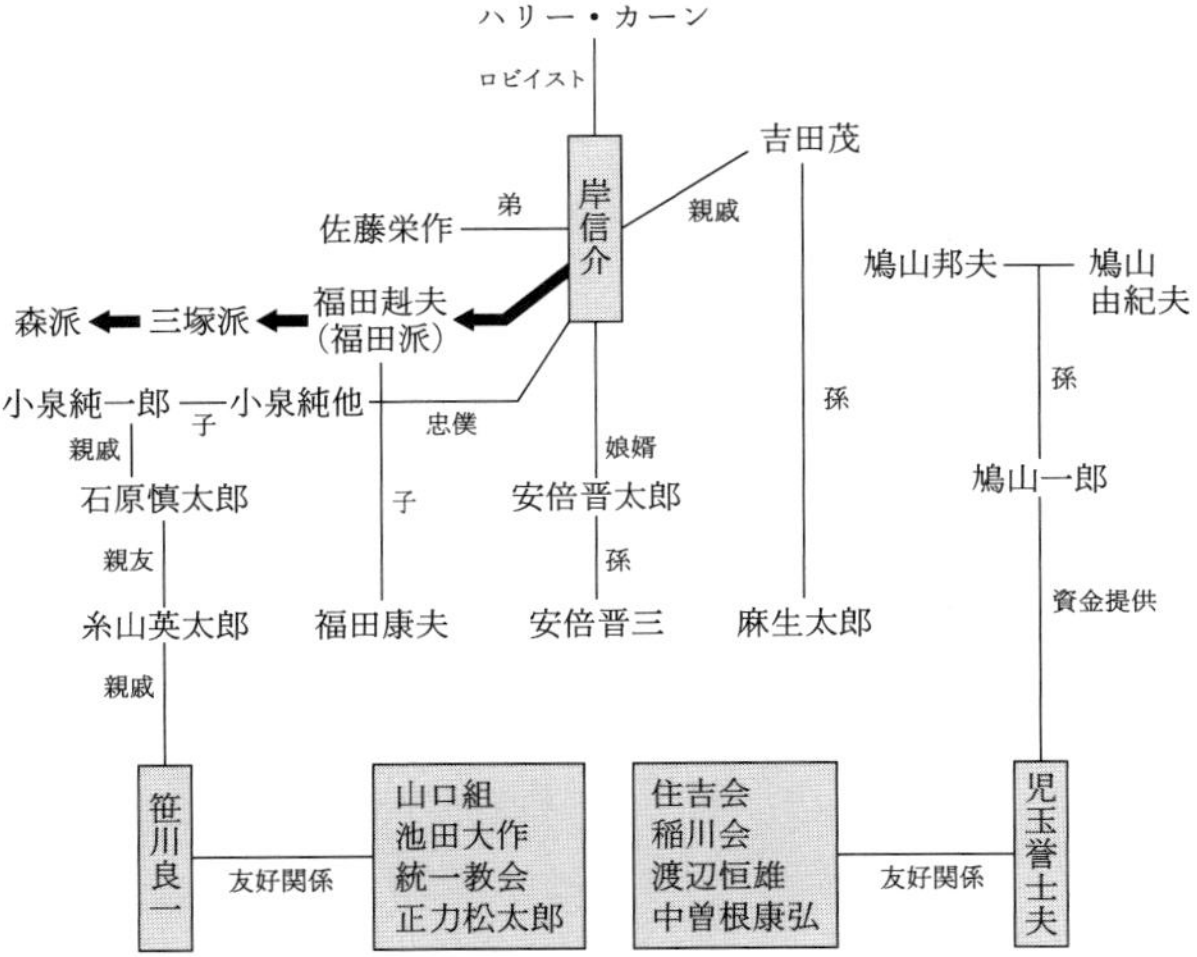

各種の資料をもとに作成。

なので、あまり関係ないと思います。

笹川が友好関係を結んでいたのが、山口組、創価学会の池田大作、統一教会の文鮮明、それに日本テレビの正力松太郎です。

児玉誉士夫もやはり右翼の大物で、笹川の紹介で海軍の嘱託《しょくたく》となり、中国に渡ってスパイ網を完成させました。また、満州で阿片を栽培し、それを中国で販売して、得た資金でタングステンやラジウム、コバルト、ニッケルなどの戦略物資を大陸で調達する役割を担っていた人物です。戦後、児玉は、その資産をダイヤモンドや貴金属に換え、日本に持ち帰ったとされています。その資産の一部を鳩山一郎に提供、鳩山は自民党の前身である自由党を設立します。

その鳩山一郎の孫が、一人は民主党幹事長の鳩山由紀夫で、その弟が最近ヘンな発言を繰り返している前・法務大臣の鳩山邦夫です。

児玉が友好関係を結んでいたのが、住吉会、稲川会、渡辺恒雄、中曽根康弘で、ナベツネさんと中曽根さんは笹川良一とも親密な関係でした。なお、住吉会と親密なのが石原慎太郎、稲川会と親密なのが小泉純一郎という関係です（菅沼光弘・中丸薫『この国を支配／管理する者たち』徳間書店などによる）。

こうして見ると、いかにこのコネクションが戦後から現在にかけて大きな影響を持ってきたかがおわかりいただけると思います。

この図ではかなり省略していますが、このコネクションには財界の大物、官界の大物たちが、まだまだぞろぞろ連なって出てきます。

洗脳政策の一環としてのテレビ放送

A級戦犯として公職追放中だった正力松太郎が突如追放解除となり、それを機にテレビ開局計画が急ピッチで具現化します。

カール・ムント米上院議員が1951年4月に上院議会でおこなった演説を見てみましょう。

「共産主義は飢餓と恐怖と無知という三大武器を持っている。こうした共産主義に対する闘いにおいて米国が持っている最大の武器はテレビである。我々は『アメリカのビジョン』なるテレビ・ネットワークを海外に普及させる必要がある。それを最初に試験的にやるべき地域はドイツと日本で、例えば日本の隅から隅まで行き亘らせるためのテレビ網建設費は460万ドル。これはB29爆撃機を2機つくるのと同じ金額である」

1951年9月4日に、正力松太郎は日本テレビ放送網設立構想を発表し、翌年7月

31日には日本最初のテレビ放送予備免許を取得します。
この正力松太郎がCIAから与えられた暗号名は「PODAM」と言います（有馬哲夫『日本テレビとCIA——発掘された「正力ファイル」』新潮社による）。

［1954年］第1回ビルダーバーグ会議が開催されます。

ビルダーバーグ会議は、毎年1回、アメリカ、カナダ、ヨーロッパ諸国で影響力を持つ100～150人が集まり、政治経済や環境問題なども含む多様な国際問題について討議する完全非公開の会議です。オランダ女王の夫君のベルンハルト公によって創設されました。ベルンハルト公は、ロイヤル・ダッチ・シェルの重役でした。

初代会長は後にNATO事務総長になる英国のピーター・キャリントン卿。キャリントン卿は、チャタムハウスの所長であり、ロスチャイルド系企業リオ・チントとバークレー銀行の重役を務めた人物です。

［1962年］鉱山会社のリオ・チントとジンクが合併してリオ・チント・ジンクが誕生し、ロスチャイルドが世界的なウラン・カルテルを支配。本格的に原子力産業へ進出します。

ダイヤモンドのデビアス、金のアングロ・アメリカ、そしてウランなど非鉄金属のリオ・チント・ジンク、この3社がロスチャイルドの鉱物支配の要《かなめ》です。

ケネディはFRBを私有する銀行家を排除しようとして殺された！

［1963年6月4日］米国大統領J・F・ケネディにより、政府紙幣の発行を財務省に命じる大統領行政命令　第11110号が発令されます。

［大統領行政命令　第11110号］大統領行政命令第10289修正案、財務省に影響のある、一定の機能の履行に関する修正

私に与えられた権限によって、合衆国条例3項301条について、以下のとおり命令する。

第一条　修正される1951年9月19日の大統領令第10289は、これによりさら

に修正される。
（a）その段落1の終わりで以下の副段落（j）を付加する：
（j）1933年5月12日の条例43節段落（b）について、大統領権限により、31USC821（b）と改正されました。そして、どんな銀地金に対する銀証券、銀、または財務省証券の銀本位制ドルに対しても政府証券を発行するように。その際、どのような発行済の銀証券の兌換（償却）のためにもこれが用いられないこと。そして、当該銀証券の額面金額を定めて、その償却のための標準銀ドルと補助銀貨幣を鋳造するため。
（b）その段落2の副段落（b）と（c）を破棄（無効にする）することによって、
第二条　この大統領令によってされた修正は、この大統領命令以前の、どのような施行された法令、またはどのような生じる権利または生じた権利、または控訴あるいは民事・刑事上の訴訟手続きがおこなわれたものについては影響を与えることはない。しかし前述の法的責任は継続するものとします。そして、あたかも前述の修正が為されていないよう執行されるかもしれません。

ジョン・F・ケネディ　ホワイトハウス　1963年6月4日

ケネディが発行を命じた紙幣は、ＦＲＢ発行の銀行券とほぼ同じデザインで、ＦＲＢのマークがない代わりに〝United States Note〟（政府券）と印刷してありました。

同年11月22日、Ｊ・Ｆ・ケネディ米大統領は、テキサス州ダラスにて暗殺されます。財務省によって発行された総額42億ドルの政府券は、ケネディ暗殺後、速やかに回収されました。

ケネディ大統領は、秘密結社がマスコミをコントロールしていることを弾劾する次のような演説を残しています。

秘密主義というまさにその言葉は、自由で開かれた社会にとって、非常に不快なものです。そして、私たちは元来、歴史的にも〝秘密結社〟の〝秘密の誓い〟と〝秘密の議事録〟に反対した民族といえます。

私たちは、遠い昔から度を越した不当な関連情報の隠蔽《いんぺい》は、はるかにそれらに正当性を与えるために考慮される危険があると判断してきました。今日、根拠のない制約によって、閉鎖社会の脅威に反対するということはほとんど価値はありません。

今日、私たちの国の生存を確実なものにするために、私たちの伝統がそれで存続しないなら、ほとんど価値はありません。そして、報道されたセキュリティ強化の必要性が、公的な検閲と隠蔽のまさしくその範囲を限界まで広げることを切望している者たちによ

って、廃止される、まさしくその重大な危険性があります。

私は、私のコントロール下の範囲で、このようなことを許可する意図はない。私の政権のどのような職員であっても、彼の地位が高いか、または低いか、民間人であるか、軍人であるかにかかわらず、私の今晩ここでの言葉を、ニュースについて検閲し修正したり、まともなことをもみ消したり、私たちの誤りをごまかすために、マスコミや民衆が知るに値する真実を抑制する口実としてはならない。

私たちが世界中で反対されているのは、主として影響圏を広げるための密かな手段になっている、一枚岩的で冷酷な陰謀にあります。侵入の代わりに浸透、選挙の代わりに転覆、自由選択の代わりに威嚇《いかく》、日中の軍隊の代わりに夜間のゲリラ。それは、膨大な人的・物質的資源を軍事、外交、情報、経済、科学、そして政治上の操作をするため結束の固い、高性能マシンに結合する徴収するシステムです。

その準備は隠され、公表されません。その過ちは葬られ大スクープとなりません。その反対者は黙らされ称賛されません。経費は質疑されず、風評は出版されません。まったく秘密は明らかにされません。どの大統領も市民監視を恐れるべきではありません。そうではなく監視から理解が生じるのであり、その理解から、支持か反対かが生じます、そして、両方が必要です。

私は政権を支持することをあなたたちの新聞にお願いしていません。しかしアメリカの人たちに情報をあたえ、注意をよびかける大変な仕事をお願いしています。それは、私が、私たちの市民が完全に情報が行き渡ったという時には、彼らの行動と献身があるという完全な確信があるからです。

(グーグルビデオの動画「John F Kennedy speech on the dangers of secret societies」を翻訳)

［1964年］米国が本格的にベトナム戦争に突入する契機となるトンキン湾事件が起きます。

北ベトナムのトンキン湾をパトロール中の米駆逐艦に北ベトナム哨戒艇が攻撃を加えたとし、その報復としてジョンソン政権は北ベトナムを爆撃。以降、ベトナム戦争は一気に拡大します。

しかし、1971年、ニューヨーク・タイムズの記者がペンタゴンの機密文書(*12)を入手。このトンキン湾事件は米国が仕組んだものだったことを暴露しました。1995年には当時の国防長官ロバート・マクナマラも「北ベトナム軍による攻撃はなかった」と告白(*13)しています。

ベトナム戦争の長期化により米国では反戦運動が盛んになり、スカル&ボーンズの影響力が低下、その隙を突くように米政権内で親イスラエル勢力が台頭します。

［1977年］イスラエルに右派政党のリクード政権が成立します。

リクードの理論的支柱と言われているのが青年トルコ出身のウラジミール・ジャボチンスキーという人物で、それまでの「パレスチナ人を騙《だま》して土地と権利を売らせよう」と考えていたシオニスト指導部を批判し、衝突を抑えるために武力を使用することを主張したファシストです。

ジャボチンスキーは、1920年、今日のイスラエル国防軍の基礎となった軍事組織ハガナーの創設に関与します。広瀬隆著『アメリカの保守本流』（集英社）によれば、このハガナー創設にはロスチャイルドが資金を提供しています。また、1923年には修正主義シオニズム青年組織「ベタル」を設立。1931年には、テロ組織イルグンの創設にも関与、指導者として君臨したといいます。

デイル・ヤシーンで大虐殺をおこなったメナヘム・ベギン、ナチスと組んで正統派ユダヤ教徒を迫害させたイツハク・シャミル、パレスチナ難民キャンプで大虐殺をおこなったアリエル・シャロン、そのシャロンが恐れたほど凶暴な現党首のベンヤミン・ネタニヤフといった歴代リクードの党首たちは、このファシストでありテロリストであるジ

政府が発行する紙幣によって銀行家たちと対峙したケネディ大統領。

国際金融資本家たちにとって邪魔者だったケネディはダラスで暗殺された。その後アメリカはベトナム戦争へ本格的に介入してゆく。

ャボチンスキーのプリンスたちと呼ばれているというのです。

ネオコン

［1981年］ロナルド・レーガンが米国大統領になると、ネオコンが政権内に入り込み、その影響力が強まります。

ネオコンとはNeo conservatism《ネオコンサバティズム》、つまり新保守主義者という意味ですが、これまでの保守主義が経済政策は産業保護、社会政策は伝統主義だったのに対して、経済政策は自由主義、社会政策は伝統主義というのが新保守主義と言われています。

このネオコンは軍産複合体と結託して、攻撃的・好戦的なタカ派を形成していきます。狭義にはアメリカ新世紀プロジェクト（PNAC）を支持する人々のことをネオコンという場合もあります。

アメリカ新世紀プロジェクトは、1997年に結成されたシンクタンクで、次のような基本提案に専心すると宣言しています。

・米国が指導力を発揮することは、米国にも世界にも良い。
・このリーダーシップには、軍事力、外交、エネルギーおよび道徳原理への関与が必

イスラエルの右派政党リクードの理論的支柱をつくった指導者ゼエブ・ウラジミール・ジャボチンスキー。

要とされている。

・今日の政治的指導者のほとんどは国際的指導力を主張していない。

・それゆえ、米国政府は、軍事力を含めて使えるすべての手段によって、揺るがない優勢を獲得するために、その軍事優位および経済優位を十分に利用するべきだ。

ＰＮＡＣは、９・11事件の1年前、２０００年9月にアメリカ防衛再建計画というものを公表しています。そこには「アメリカの防衛体制は新しい真珠湾攻撃のような破滅的な出来事抜きには、その再建のプロセスは長期間を要するものになるであろう」と書かれていました。

ＰＮＡＣのメンバーを見てみましょう。役職は当時のものです。

・アービング・クリストル（アメリカン・エンタープライズ研究所創設者）

・リチャード・チェイニー副大統領

・ドナルド・ラムズフェルド国防長官

・ポール・ウォルフォウィッツ国防副長官

・リチャード・アーミテージ国務副長官

・ジョン・ボルトン国務次官
・ダグラス・ファイス国防次官
・エリオット・エイブラムズ国家安全保障会議上級部長
・リチャード・パール前国防政策委員会委員長
・ルイス・リビー副大統領首席補佐官
・デーヴィド・フラム(大統領のスピーチライター)
・アリ・フライシャー(ホワイトハウス報道官)
・ジェブ・ブッシュ(ブッシュ大統領の弟)他多数

アービング・クリストルはネオコンのゴッド・ファーザーと呼ばれる人物で元トロツキストです。トロツキストとはトロツキーの永続革命論を信奉する国際共産主義者ですが、思想転換してネオコンになったといわれています。クリストルはネオコンの牙城と言われるシンクタンク「アメリカン・エンタープライズ研究所」の創設者で、この設立に資金提供したのがロスチャイルド社のアーウィン・ステルザーです(『アメリカの保守本流』による)。

リチャード・チェイニーは実質的なブッシュ政権の支配者で、奥さんもアメリカン・

エンタープライズ研究所の幹部を務めています。

その他、ブッシュ政権を動かす錚々《そうそう》たるメンバーが名を連ねていますね。強硬派シオニストのうち、在米の集団がネオコン、在イスラエルの集団が右派政党リクードであるとも考えられます。ですから、ネオコンも根っこはファシストでありテロリストと言っても過言ではないでしょう。

イスラエル右派の在米ロビー団体であるアメリカ・イスラエル公共問題委員会（AIPAC）が圧力をかけ、ネオコンを政権に送り込みました。

AIPACは、今一番影響力を持っていると言われるイスラエル・ロビーで、各議員の投票行動を子細に監視し、反イスラエル的と思われる議員を、次の選挙で対抗馬をぶつけて落選させたり、スキャンダルをマスコミにリークして追い詰めたりなどして議員をコントロールしています。

9・11事件とともにネオコン的な戦略がブッシュ政権内で圧倒的な主流となり、イスラエルの脅威となるイラクとイランを武力で潰すネオコンの「中東民主化戦略」が展開され出しました。

このネオコン的な戦略を理解する上で重要なのが、ネオコンの思想的源流と呼ばれる政治哲学者のレオ・シュトラウスです。

ドイツ生まれで、ナチスの迫害を逃れるためアメリカへ逃げてきたシュトラウスは、シカゴ大学で20年間にわたり政治哲学の講義をおこなってきました。

シュトラウスは、「大衆は物分りが悪いので、真実は饒舌《じようぜつ》な嘘をつける一部のエリートによって管理されるべきものだ。民主主義は、脆《もろ》いながらも無知な一般人の愛国心と信仰心によって守られている。軍事国家だけが人の中にある攻撃性を抑制することができる。国民の多くが自己陶酔し、快楽主義者になっている今、国民を変える方法としては〝自分の国のために死んでもいい〟と思わせることが最良の方法である。こうした愛国心は、外部からの脅威にさらされる必要があり、もしないならば作り出せばいい。言うことを聞かせやすい国民を維持するため、宗教をツールとして利用せよ」

というようなことを説いてきました。

この考え方はロスチャイルドの世界革命行動計画④と通じるものがあると思います。

〈④最終目標に到達するためには、ありとあらゆる手段を正当化できる。率直さや正直さといった国民としての立派な資質は政治に支障をきたすから、支配者となろうとする者は狡賢さ、欺瞞に訴えなければならない〉

世界を不幸にする経済政策

ネオコンの経済政策である新自由主義を提唱してきたのが、シュトラウスと同じシカゴ大学の教授ミルトン・フリードマンです。

ノーベル経済学賞受賞者であるミルトン・フリードマンは「新自由主義の元祖」とか「構造改革の元祖」と呼ばれてきました。そのフリードマンが1962年に出版した『資本主義と自由』という本には、廃止すべき政策として次のものが挙げられています。

- 農産品の政府による買取り保証価格制度
- 輸入関税または輸出制限
- 産出規制
- 家賃統制、全面的な物価・賃金統制
- 法定の最低賃金や価格上限
- 細部にわたる産業規制
- 連邦通信委員会によるラジオとテレビの規制

・現行の社会保障制度
・特定事業・職業の免許制度
・公営住宅
・平時の徴兵制
・国立公園
・営利目的での郵便事業の法的廃止
・公営の有料道路

シュトラウスが政治学のシカゴ学派、フリードマンが経済学のシカゴ学派ですが、現在、世界を振り回している理論が両方ともロックフェラーのシカゴ大学から出ているというのは、どうも偶然としてはでき過ぎな感じがするのは私だけでしょうか?

［1985年］ニューヨークのプラザホテルでG5（先進5カ国蔵相・中央銀行総裁会議）が開催され、双子の赤字を抱えた米国を救済するため、円高ドル安を誘導する「プラザ合意」が採択されます。

日銀は、円高による打撃を受けた輸出業界救済のために金融緩和を実施。ダブついたお金が投機を加熱し、バブルが発生します。

このプラザ合意を主導したのが米国の財務長官ジェイムズ・ベイカーでした。ジェイムズ・ベイカーは、軍需産業への投資で巨額の運用益を出す投資ファンド、カーライル・グループの上級顧問で、英国の投資銀行ブラウン・シプリー社の創業者アレグザンダー・ブラウンの一族です。前述のように、このブラウン家が鉄道王ハリマン家と合体してブラウン・ブラザーズ・ハリマンとなり、その頭取がブッシュ大統領のお祖父さんジョージ・ハーバート・ウォーカーという関係です。

ジェイムズ・ベイカーのお祖父さんは、FRBの大株主ファースト・ナショナル・バンクの設立者ジョージ・F・ベイカーになります。また、ベイカーはジェイコブ・シフとも親戚です。


「1986年4月」日銀総裁であった前川春雄氏が座長となり、日本の経済構造の歴史的な改革を呼びかけた「前川レポート」(国際協調のための経済構造調整研究会報告書)が中曽根首相へ提出されました。市場原理中心の経済構造に移行しなければならないという内容のこのレポートは、のちにおこなわれた小泉構造改革とそっくりなものです。

この前川レポートは、日銀の内部では「10年計画」と呼ばれていたそうです。つまり

プラザ合意を主導した財務長官ジェイムズ・ベイカー

10年かけて日本の構造改革をおこなっていくという意味ですね。
そして、この年の12月、バブル景気（～1991年2月）が発生します。

［1988年］国際決済銀行（BIS）により銀行の自己資本比率に関する規制、いわゆるBIS規制（バーゼル合意）が定められました。

自己資本比率8％を達成できない銀行は、国際業務から撤退させられるというもので、当時、日本の金融機関は海外で積極的に融資をおこなっていましたが、自己資本比率が低いため、経営の抜本的改革を迫られました。そのため、銀行は持ち合いの株を売却せざるを得なくなり、株価の棄損へとつながります。これが、のちの日本企業買収への布石となります。

また、このBIS規制により、信用創造量が縮小し、銀行による貸し渋りや貸し剝《は》がしがおこなわれました。

競争的な市場こそが繁栄をもたらすという妄想

［1989年］ベルリンの壁が崩壊し、東西冷戦が終結します。

ベルリンの壁崩壊後、社会主義の敗北が明らかになり、ＩＭＦと世界銀行それに米国政府が米国流の新自由主義経済を世界に押し広げようとし始めます。

新自由主義（Neo Liberalism《ネオリベラリズム》）とは、国家による経済的規制という干渉を緩和して、市場経済における競争を重視する考えで、競争的市場こそが、自由、道徳、繁栄を生み出し、最も民主主義的だと考えています。

もともとはワシントンのシンクタンク国際経済研究所（ＩＩＥ）の研究員ジョン・ウィリアムソンが発表した論文によるもので、累積債務のある途上国に必要な経済改革として、米国財務省、ＩＭＦ、世界銀行などの間で成立した「意見の一致」という意味で、ワシントン・コンセンサスと言われます。

［ワシントン・コンセンサス］

- 財政赤字の是正
- 補助金カットなど財政支出の変更
- 税制改革
- 金利の自由化
- 競争力ある為替レート

・貿易の自由化
・直接投資の受け入れ促進
・国営企業の民営化
・規制緩和
・所有権法の確立

この内容、どこかで見ませんでしたか？　そう。前述の途上国を地獄へ叩き落とした構造調整プログラムとほとんど同じ内容なのです。

このワシントン・コンセンサスを作成したシンクタンク国際経済研究所に1989年から客員研究員としていたのが、かの小泉改革を主導した竹中平蔵氏です。

大局的に見れば、いわゆる〝内側から鍵を開ける者〟として利用されたのでしょう。

この国際経済研究所の創設者であり理事長を務めるのがピーター・G・ピーターソンという人物です。

ピーターソンは、リーマン・ブラザーズ・クーン・ローブのCEOだった人物で、CFRの理事長、ニューヨーク連銀の理事長も務めた大物です。

竹中平蔵

ピーター・G・ピーターソン

ちなみにジェイコブ・シフのクーン・ローブ商会は1977年にリーマン・ブラザーズと合併してリーマン・ブラザーズ・クーン・ローブになりました。リーマン・ブラザーズもクーン・ローブも大株主はロスチャイルドです。今はクーン・ローブの名が消えてリーマン・ブラザーズだけになっています。ホリエモンのライブドアにノウハウと資金を提供して、騒動の裏でガッポリ稼いで逃げたのが、このリーマン・ブラザーズです。ピーター・G・ピーターソンは、世界最大の乗っ取りファンド、ブラックストーン・グループの創業者であり、会長も務める人物です。つまり、その正体は乗っ取り屋なのです。

国際経済研究所の所長を務めるのがフレッド・バーグステンです。

バーグステンは、クリントンの有力ブレーンとして日米包括協議のシナリオを書いた人物で、経済分野では日本を操るグループのトップクラスのメンバーです。

彼は、世界の自由貿易と世界統一政府の熱狂的な唱道者であり、1997年のビルダーバーグ会議では「グローバリズムの流れや〝市場の力学〟は、もはや政治家がどんなに抵抗しても止められるものではない」と発言しています。

また、2008年1月5日の日経新聞では「将来の世界の通貨体制はドル・ユーロ・元の三極通貨システムだ。日本は人民元ブロックの一員となる」と語っています。この

「日本は人民元ブロックの一員となる」という言葉は聞き逃せませんね。

1997年のビルダーバーグ会議では、サミュエル・バーガーという人物が興味深い発言を残しています。

サミュエル・バーガーは、クリントン政権時の国家安全保障問題担当補佐官であり、左派ユダヤ・ロビーの統帥者です。ユダヤ・ロビーはAIPACやネオコンの右派だけじゃなく、左派も存在していて、同じように米国政府をコントロールしているのです。

サミュエル・バーガーは「中国を強大な軍事国として新世界秩序に組み込むことは可能である」「中国の軍事力が強くなければ、世界政府を構成する主要3地域の一つとして、欧州連合(EU)と北米連合(NAFTA)と並んで成立する要件を満たし得ない」「中国への貿易最恵国待遇の目的は、軍事的に強大な中国の存在である。これにより、太平洋地域における米国の軍事的プレゼンスを正当化することができ、国際金融機関はアメリカと中国双方の軍備増強から利益を得ることができる」と語っています。

その後、2000年に米国は中国に最恵国待遇を恒久的に供与することを決定しています。

仕組まれた湾岸戦争から中東パイプライン建設まで

［1990年］第一次湾岸戦争が勃発します。

もともとこの戦争の原因は、クウェートがイラクを次のように挑発したことにあります。

・クウェートがイラクに無償援助していた戦時国債の即時返還を求めた。
・クウェートとサウジアラビアが国際的に決められた量をはるかに超えた石油を輸出し始め、イラクの主要産業・石油が値崩れを起こした。
・クウェートがイラクとの国境にある油田から大量に石油を採掘し始めた。

米国はイラクの動きを詳細に把握していました。ところが、イラクの不穏な動きに不安を感じたクウェートが打診したところ、米国政府は「心配ない」と返事をしています。イスラエルやCIAも米国政府にイラクの不穏な動きを報告していますが、この報告も無視しています。

さらにイラク駐在大使グラスピーがフセイン大統領に「米国はイラクの行動には関心がない」と話し、ジョン・ケリー国務次官補も「クウェートが攻撃されても米国にはクウェートを助ける責任がない」と公言しました。

これによりイラクは米国の公認を受けたと思い、クウェートに侵攻を始めます。

ところが、米国の国務長官となったジェイムズ・ベイカーは、いかにも驚いた風にソ連のシェワルナゼ外相と共同で「遺憾の意」を表明し、イラクを強く非難する強硬姿勢に転じて、各国の支持を得るための活発な外交活動を展開し始めます。

そして、米国主導の多国籍軍を形成し、イラクを爆撃しました。

戦争中も、米国はクウェートの少女による「イラク兵が病院で赤ん坊を床にたたきつけた」という証言や、海鳥が重油まみれになっている映像を世界に配信し「イラクが重油を流出させた」などとメディアを使った情報操作をおこないましたが、のちにそれらはすべて嘘であったことが判明しています。

「1993年」宮沢喜一首相とビル・クリントン大統領が会談。「日米規制改革および競争政策イニシアティブに基づく要望書」（通称「年次改革要望書」）が両国間で交わされることが決まります。

ちなみに、クリントンを大統領に仕立て上げた最大の支援者は、鉄道王ハリマンの未亡人パメラ・ディグビーでした。パメラの父がエドワード・ディグビーで、その義兄がアルバート・プリムローズ。その母がハンナ・ロスチャイルドという関係です。

翌年、第1回「年次改革要望書」が作成され、1996年には金融ビッグバンがスタートしました。このビッグバンにより、現在では日本株の売買高の6割を外資が動かしているという状況になっています。

［1998年］欧州中央銀行（ECB）が設立されます。

本店はフランクフルトにあり、そのビルはロスチャイルドの敷地内に建っています。

初代総裁はオランダ出身で欧州通貨機構総裁を務めたウィム・ドイセンベルクで、2003年から前フランス中央銀行総裁のジャン＝クロード・トリシェが第2代目に就任しています。両者ともにBIS出身で、つまりはロスチャイルドの〝二百家族〟です。

［1998年］米国の石油企業ユノカル社主導により、カスピ海地域からアフガニスタン、パキスタンを通過しインド洋に出る石油パイプライン建設の計画が進められていましたが、アフガニスタンのタリバン政権との交渉不調により頓挫します。

クリントン大統領

欧州中央銀行（ECB）本店があるユーロ・タワー。

ドルを凌駕するユーロ。

［2001年10月7日］タリバンが9・11同時多発テロ事件の首謀者とされるオサマ・ビン・ラディンを匿っているとして、米・英両国からなる連合軍はアフガニスタンを攻撃。空爆開始から1ヶ月余りで首都カブールを制圧。

12月22日には、ユノカル社の元最高顧問ハーミド・カルザイがアフガニスタン暫定行政機構議長に就任（2004年に大統領に選出）。同国のパイプライン敷設計画が再開されます。

奪われた郵便貯金と清和会〝外資族〟

［2000年4月］森喜朗が首相になり清和会が自民党の主流になります。

翌年4月26日には、小泉純一郎が首相になり構造改革を連呼。2005年9月11日の選挙では自民党が歴史的な圧勝をし、郵政改革が推し進められることになりました。この改革も、もともとは年次改革要望書に書かれていた米国からの要求です。

2005年8月26日のウォールストリート・ジャーナルは、露骨にも下記のような記事を載せています。

「INGフィナンシャル・マーケッツ（ロンドン）のエコノミスト、ロブ・カーネル氏によると、郵便貯金と保険部門は日本政府債を187兆円（およそ1兆7000億ドル）保有している。これに対し、外国証券への投資額はおよそ8兆5000億円にすぎない。指標銘柄の10年物日本国債の利回りは1・5%で、償還期限の同じ米国債の利回り4・17%を大きく下回っている。シティグループは、郵政民営化がおこなわれれば1兆3750億ドルの資金が日本国債や地方債、社債から流出すると推計する。民営化後の経営陣がより魅力的な投資先を求めるばかりでなく、顧客が取引先を他に移すことも予想されるためだ。実現のためには、小泉純一郎首相が郵政民営化法案を国会で可決成立させなければならない。首相は来月の衆院選挙で状況が好転することを期待している」（ウォールストリート・ジャーナル）

日本の財政は、郵貯・簡保・年金を原資とした郵政資金で成り立ってきました。日本郵政公社の統計データによれば、2005年度末で総資産が334兆円あり、その約50%が国債となっていて、資金運用部預託金と合わせると73%が国への貸出しとなっています。

さらに、地方分と財投機関向けを合計すると総額304兆5000億円、実に総資産の91%が政府の財政で使われています。まさに郵政資金は日本の屋台骨を支えてきたといえるでしょう。その巨額の郵政資金を市場に放出させることが米国を動かす国際金融資本家たちの要望でした。小泉首相は、その期待に見事応えたわけです。

小泉純一郎のあとも安倍晋三、福田康夫と清和会から首相が出ています。この清和会の正式名称は清和政策研究会と言います。どんな政策を研究しているのかと言えば、ワシントン・コンセンサスの信奉者なのです。つまり、途上国を借金地獄へ陥れた、あの構造調整プログラムを実施しようとしているわけです。だから、格差がますます広まって、貧者が増えるのは当然なのですね。途上国のことを知っている人間なら、こんな馬鹿げた政策を採用するはずはないのですが……。

清和会は、最近、インターネットの書き込みでは外資企業に利益誘導する〝外資族〟なんて呼ばれています。

そのメンバーは、森喜朗、小泉純一郎、安倍晋三、福田康夫、中川秀直、町村信孝、世耕弘成、山本一太、谷川秀善、下村博文、小池百合子、高市早苗などなどがいます。

では再びロスチャイルドの世界革命行動計画を見てみましょう。

〈②政治権力を奪取するには「リベラリズム」を説くだけで十分である。そうすれば有権者は一つの思想のために自らの力、特権を手放すことになり、その放棄された力、特権をかき集めて手中に収めればいい〉

続けてもう一つ。

〈㉔代理人はその誤りを我々が承知している理論、原則を教え込むことで、社会の若年層の精神を惑わせて腐敗させる目的で、あらゆる階級、あらゆるレベルの社会、政府に潜入しなければならない〉

〝自由主義〟という、なんとなく耳触りのいいフレーズに惑わされると、逆にどんどん自由が奪われていきます。

現在、教えられている経済理論は、決して正しいものではありません。名門ジョージタウン大学のマイケル・ハドソン教授が非常に重要な論文『今日の世界経済を理解するために』を書いていますので、少し長くなりますが引用してご紹介します（ビル・トッテン氏のコラム「Our World」より転載）。

今日の世界経済を理解するために

世界経済は純粋に経済上のものなのだろうか？（中略）

経済上の現象には暗部があり、その一連の邪悪な動機は、経済に重大な影響力を持つにもかかわらず、権力と支配を求める不合理な目的から生じ、経済に逆効果をもたらすものなのである。（中略）

何世紀にもわたり世界は戦争によって形成されてきた。それにもかかわらず、戦争や暴力がいかに歴史を作り、世界の国境を書き換えてきたかという現実を子供たちに見せないように導くことは賢明な方法ではない。成功するためには道理をわきまえた行動をとることだと教えるだけならば、いつか屈辱されて深く傷ついたとき、子供たちがどうしてよいかわからなくなるだろう。何よりも悪いのは、それは子供たちを経済的な殺戮《さつりく》に対しても、平和裏にそして愚直に立ち向かわせることにはなるまいか。(中略)

ヨーロッパの国境を定め、その政治・金融制度を確立し、さらに宗教上の忠誠心を形成したのはすべて戦争であり、若い国家にイギリスからの政治的、経済的独立を獲得させたのは、米国の独立戦争であった。日本に200年以上の鎖国を終わらせ、開国させたのはペリー提督率いる黒船であり、ナチ率いるドイツの反ユダヤ主義を解決したのは第二次世界大戦であった。また西側の金融資本主義に対抗するロシアの共産主義を崩壊させるには冷戦が必要であった。

このことからもわかるように、歴史の流れを決めてきたのは公正な取引における合理的な計算などではない。経済的な権力は、武力や威嚇、詐欺、公然と行われた窃盗によって手中に収められてきたのである。しかし、経済学者は、正当な価格は公正な市場均衡点で落ち着くと説明し、世界が公正であったことなどなかったにもかかわらず、世界が架空のしかも「おとぎ話」のようなすばらしい世界であるかのように、公正な市場がいかに機能するかという研究を続けている。一方、世界が実際にどう機能しているかの研究はなされていない。世界がどう機能しているかを知らずして、日本を含む正直な国家が、自分達の国を操作し、威嚇し、騙そうとする世界規模の略奪者から自国を守ることはできないだろう。したがって、軍事的征服者や弁護士、煽動政治家、腐敗した政治家や官僚、財界の詐欺師が、いかに歴史を作り上げてきたかを学ぶことから始める方が得策である。彼らが有利な立場を築くことができたのは、社会から土地や他の生産手段を不当な方法で奪取する一方で、司法制度や裁判長の立場を支配してきたからに他ならない。

内部事情に詳しい人間や投機家あるいは小搾取者が、土地を独占したり、顧客を経済的困難に追い込んで借金をさせたり、さらには相続税なしで子孫に遺産を譲渡したりすることでいかに優位な立場を築いてきたかという点にこそ、経済の研究の主眼を置くべきだと思う。社会制度とは、始めに既得権益を手にした者たちがその権力を利用し、維持するために、警察、教育制度、宗教団体などを支配することに由来するものであり、それが社会を構成する人々の間の応分の取決めだと考えるべきではないのである。

このような研究をしていけば、勝者が戦利品を維持し、さらにそれを肯定、正当化す

るために、武力による威嚇とイデオロギーを諸刃の剣として利用してきたことが浮き彫りになるであろう。（中略）

現実を形成しているのは、武力や他の圧力、または窃盗や詐欺行為なのである。さらに重要なことは、国家の支配によって権力が確立されるということである。国家支配のためには、不都合な政治ライバルが暗殺されたり、誘拐されたりすることもあり、それに協力した仲間には報酬が支払われる。しかし、こうした国家支配のための秘密工作の手口も、合理的なユートピアで生活していればどんなにすばらしい生活が送れるかということを示す経済モデルにはほとんど反映されることはない。（中略）

実世界で行われているのは、「いかに無償で利益を得るか」ということに集約される。政治内部に入り込むということは結局、何かを無償で獲得するための政治プロセスに加わることによって、社会からただで恩恵を受ける仕組みを作る立場に立つことなのだ。

無償の恩恵は、市場が耐えうる価格を設定することが可能になる「独占権」という形で与えられることもある。これこそ、イギリスの内部事情に詳しい者たちが17世紀から19世紀にかけて裕福になった理由であり、第三世界のエリートたちが20世紀に自らを富ませるために使った手法である。

公費を使い労せずして利益を得ることこそ、最も熟練した経済の勝者が行っていることの本質である。土地や独占権、その他の資産を実際の価値よりも安い価格で購入すること、しかも自分の存在を可能な限り隠してそれを行うことは、裕福になるための最も確実な方法である。その目的は自分自身ではリスクを負わず、社会や政府、あるいは国税当局やビジネス・パートナーにそのリスクを押し付けることにある。

歴史を一瞥すれば、経済のゲームは決まって何かを無償で勝ち取るためであったことがすぐに理解できるだろう。米国で最古の富豪の財産が築かれたのは、独立戦争勃発の1775年から1789年に憲法が発布されるまでの十数年間、共和国誕生のどさくさに紛れて行われた土地の横領に端を発している。無節操な土地の横領、およびマンハッタンの南端部にあるトリニティ教会の不動産にまつわるニューヨーク市の腐敗によって、その後2世紀を左右する権力基盤が築かれたのである。(中略)

征服王と呼ばれたウィリアム1世が1066年に英軍を破り、ノルマン人の仲間たちと土地を分割した。それがその後のイギリスの歴史を形成し、また英国議会上院の有権者を決定することになった。軍事力を背景にした土地の強奪は、いわゆる「原始的蓄積」であり、それは常に貰い得であった。

無償で何かを得るということは、無料で富を手にすることである。時にそれは、実際には発生しないリスクに対する代償という形をとる場合もある。リスクがあるように見えるが、実際には存在しないリスクを冒すことに対して高収益が与えられる。例えば1980年代半ば、米国の大口預金者は、最も腐敗の激しいS&L（貯蓄貸付組合）に預金することで割り増し金利を稼げることを知った。預金者がS&Lの商売が合法的ではないことを承知で預金していたため、S&Lはその高リスクに対し高金利で報いなければならなかったからだ。しかもS&Lが倒産すると、米国政府はFSLIC（連邦貯蓄金融公社）を通じて預金を保証したのである。

もう一つのリスクのない割り増しボーナスを手にしたのは不動産投資家である。彼らは銀行を抱き込んで不動産への融資を求め、自己資金はほとんどゼロで不動産を購入した。その融資に対して、不動産投資家は賃貸収入全額を担保に入れた。投資家が狙ったのは賃貸収入ではなく、不動産が値上りした時に得られるキャピタルゲインであった。もし価格が下がれば、ただ退散すれば良かった。

1990年以降、日本の不動産投機家が行ってきたのはこれである。貧乏くじを引いた銀行が不良債権を抱えて苦境に立たされると、政府は公的資金を使って銀行を救済した。不動産投機家の責任を追及して、過去に博打で儲けた売却益で債務を返済させることはしなかった。それどころか、仲間の不動産投資家や完全な詐欺師、無責任な投機家に融資を行い不良債権を作った銀行や株主に責任をとらせることもしなかった。

ニクソンは大統領時代、キッシンジャーや外交ゲームの理論家たちに、世界を舞台に自分の要求を押し通すには、他の国の指導者たちに、彼が狂っているのではないかと思わせることだと助言された。これでニクソンは有利な立場に立った。というのも他の指導者達は、米国の要求に屈した方が、ニクソンが癇癪《かんしゃく》を起こして世界の大部分を武力で破壊したり、秘密工作につながるような危険を冒すよりはましだと考えたからである。

社会生活は、経済的責任や市場の妥協とは性質が異なり、むしろチェス・ゲームに似ている。しかしそのゲームには変動要因が無数にあるため、必要な戦略をマスターするには一生かかる。いや、一生かかってもすべてを学ぶことは無理かもしれない。チェスとは違い、初心者が秘密工作や汚職、契約不履行といった戦略を学べる教科書はほとんどない。この契約不履行が、富を蓄積するための最も確実で費用が一切かからない方法の一つだということはあまり知られていない。今日では、不正を働いて不運な取引相手を裁判に巻き込んだ方が得策だというのが一般的な考え方である。告訴者が損害賠償を勝ち得るまでには裁判に長い時間を要するばかりか、高い弁護料を払った方が裁判の勝者になると決まっているからである。

窃盗が権力を得る最も簡単な方法の一つだとすれば、1989年以降（実際にはピノチェト将軍による1973年のチリのクーデター以降）行われている民営化は、歴史的に見ても最も重大な窃盗である。民営化については権威ある学術書が何百冊も書かれているが、それらはすべて民営化政策が社会にとっていかに生産的で良いものかという趣旨のものばかりである。そこには、チリの将軍、イギリスの投資銀行家、ロシアの元官僚といったエリートたちが、民営化によっていかに多くの略奪品を手にしたかについてはほとんど記されていない。

経済学の裏には権力が存在する。権力とは、権力中の、あるいは権力そのものの否応なしの拡大に対していかなる抵抗をも認めないことである。古来、富の蓄積を駆り立ててきた動機とは、それを生産的な投資に向けるためではなく、権力強化のために使うことだった。権力強化のため、ローマの役人に賄賂を与えたり、略奪的な指導者である主人が私設軍のために隷属平民を雇ったり、有利子の融資を行った後抵当権を没収したり、土地を獲得するといった手段がとられてきた。

富や権力の追求は、とりつかれた霊魂の具現となる傾向がある。経済的利益は究極の目標ではなく、近代の産業経済および金融組織経済における力の指標にすぎないのである。

多くの人々にとってさらに理解しにくいのは、国家および公的所有を形成することは、これらの資産を民営化するのと同じように権力を獲得し得るということである。心臓が収縮と弛緩を繰り返すように、民営と公営の両面で力が蓄積されるのである。

社会そのものを道理にかなったものにするには、抑制と均衡の仕組みを作ることでそうした行動を食い止める必要がある。しかし、権力を持ったエリートはすばらしく大袈裟な目的の虚飾に満ちた声明を用意したり、近代の操作的市場の持つ利己主義的性質を隠した結果を約束したりすることで、そうした社会の努力を阻害しようとするであろう。

この種の欺瞞が、現在世界的に繰り広げられている社会および経済のゲームの一部をなしているのである。経済理論そのものが摩耗しており、今日、学生たちが受ける経済教育は、世界が実際にどのように機能しているかを示す学術的な描写ではなく、特別利益団体を擁護するための粉飾的理論にすぎない。

したがって日本が行うべきことは、米国の大学に送る学生の数を減らし、将来の日本の政治家や官僚に、世界的ゲームという認識への妨げとなる「おとぎ話」を学ばせないことである。経済モデルの構築より、世界に対する穿《うが》った見方を含み史実を理解することが必要なのである。（後略）

（ビル・トッテン氏のコラム「Our World」http://www.ashisuto.co.jp/corporate/totten/column/1176091_629.html）© Michael Hudson

米国同時多発テロ事件

［2001年9月11日］米国同時多発テロ事件が発生します。

この9・11事件には、非常に不可思議な点が数多くありますが、詳細を書くと一冊の本が必要となりますので、ごく簡単に説明します。

［ペンタゴン］

① ハイジャックされてペンタゴンに突っ込んだと言われるボーイング757型機ですが、ペンタゴンにできた穴は主翼の幅38mよりずっと狭いのです。解説した合成写真を見ればわかるように、この大きさの飛行機が突っ込んだら、この程度の穴で済むはずがありません。

② 飛行機が突っ込んだ直後の写真を見ても、建物前の芝生には、あの大きな飛行機の残骸がありません。この時点では、まだ建物の上の部分が残っています。

③ 建物の上の部分が倒壊し始めた頃の様子を見ても、やはりどこにも飛行機が見当た

[ペンタゴン①] 実際に航空機がペンタゴンに突っ込んでいたとしたら、その被害部分の大きさがまったく合わない。DVD『911ボーイングを捜せ』より。

[ペンタゴン②] 残骸の見えない奇妙な現場。DVD『911ボーイングを捜せ』より

[ペンタゴン③] 飛行機がペンタゴンに突入したにしては、あまりにも整然とした建物前の芝生。

[ペンタゴン④] 飛行機の大きさとまったくサイズが合わない穴。ミサイルが使われていたのだろうか……。

りません。

④　ペンタゴンの裏側ですが、消火が終わった直後の穴です。飛行機の穴とは思えません。それに、機体の残骸も見当たりません。

［世界貿易センタービル］

飛行機が突っ込んで起きた火災が原因でビルが倒壊したことになっていますが、ジェット燃料では鉄骨の融点までは上がりません。ですから、WTC（世界貿易センター）は爆破解体によって崩落したのだと言われています。ビルを崩壊させるためには中心部のコアを破壊しなければなりません。

⑤　この写真の噴煙の上がり方を見れば、ビル中心部のコアが爆破されたように見えます。

⑥　鉄骨がまるで木の葉のように飛び散っていることが確認できます。これは自然倒壊ではあり得ない現象です。

さらに奇妙なのは、飛行機が衝突したのはツインタワーなのに、何も攻撃を受けていないWTC第7ビルが攻撃から7時間後に崩壊しています。しかも、その崩れ方が、ど

[WTC ⑤] 政府の公式説明ではジェット燃料による火災で崩壊したと言われるが、これまでビルが火災で倒壊した例は一つもない……。

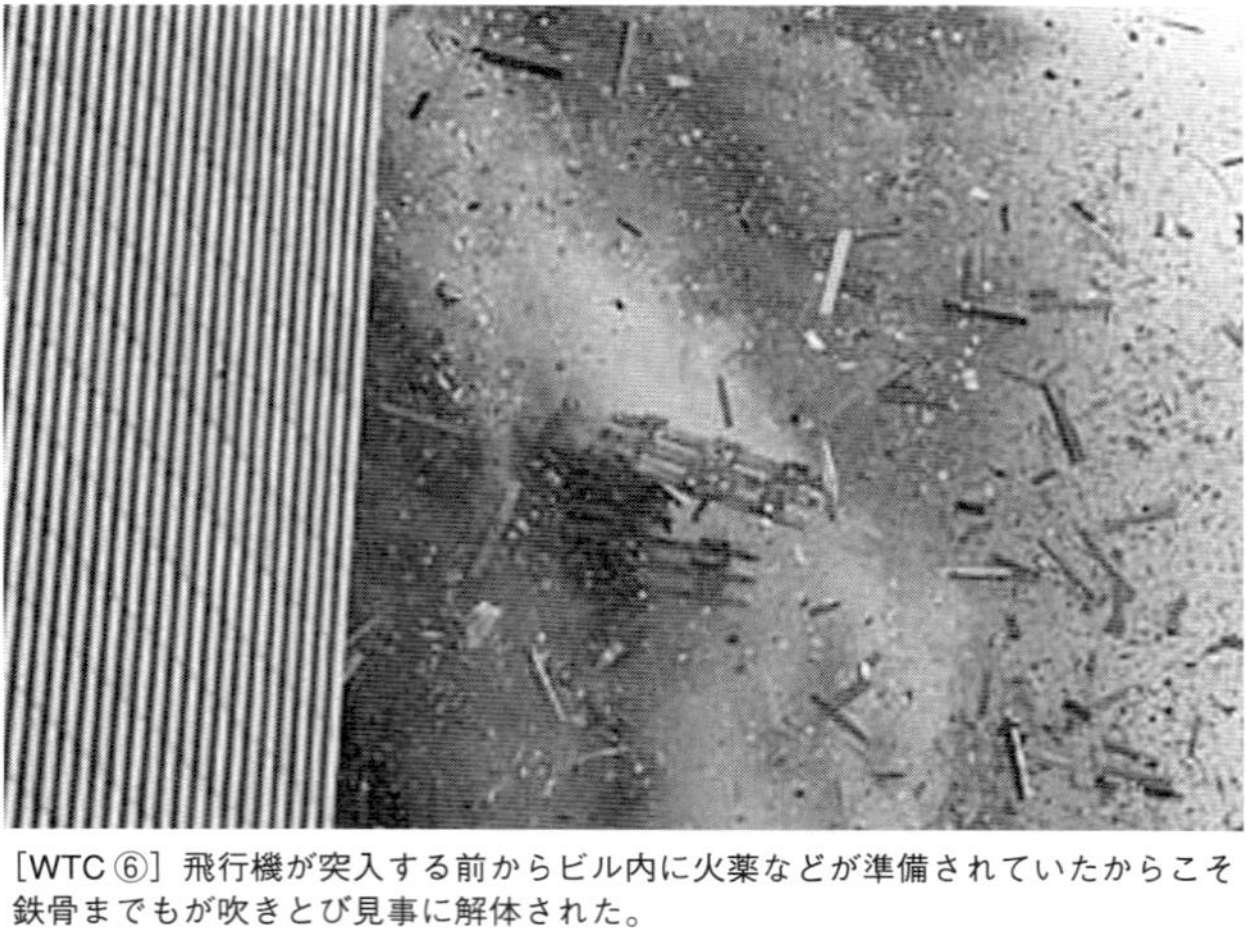

[WTC ⑥] 飛行機が突入する前からビル内に火薬などが準備されていたからこそ鉄骨までもが吹きとび見事に解体された。

う見てもビルの爆破解体で、土地占有面積内に完全に崩落しています。

ＷＴＣの三つのビルの崩壊は自然落下速度に近く、ほぼ左右対称に倒壊しています。この事実と整合性があるのは、制御爆破解体のみです。つまり米国政府の公式見解は嘘だということですね。

この他にも多くの疑問があるのですが、「9／11の真実を求める学者たち（Ｓ911Ｔ）」というグループが国際的共同体による検証と公開を要求しています。その内容を見てみましょう。

・9・11以前も以後も、土木建築工学史上、鉄骨の高層ビルが火災で崩落したことがない。ならばなぜ一日のうちに三つものビルが火災で崩壊できたのか？
・英ＢＢＣの報告に依ると、19人の〝ハイジャッカー〟のうち少なくとも5人はサウジアラビアで元気に生きている。しかしＦＢＩに言わせると、彼らは攻撃の際に死んだことになっている。
・ＷＴＣのプロジェクト・マネージャー、フランク・ディマルティーニは、同ビル群は航空機の衝突に耐える荷重再配分の能力を備えて設計されており、その効果は「蚊帳《かや》に鉛筆を突き刺す」ようなものだと語った。にもかかわらず、タワーなどは完璧に崩壊した。
・鉄の融点は摂氏1482度。だがジェット燃料の火は最適条件下でも摂氏982度を超えることはなく、摂氏1093度で6時間耐熱後UL(損害保険者研究所)の認証を受けた鉄で造られたビルが、火災による熱で崩壊するはずはない。
・ペンタゴンに衝突したと言われている77便はオハイオとケンタッキーの州境付近でレーダーから姿を消し、ペンタゴンに衝突する少し前に、同所にとても近い場所から〝再び姿を現した〟。
・民間航空機を4機もハイジャックしたほどの巧妙な異国の〝テロリストたち〟は、ペンタゴンの西側部分への衝突では同ビルに最小限の打撃しか与えられないことを知らなかったように見受けられる。
・運輸省長官のノーマン・ミネタはホワイトハウスの地下壕で、航空機がペンタゴンにぐんぐん近づいている時、チェイニー副大統領が「命令は依然として有効なのですか?」と尋ねた若い将校を厳しく非難するのを目撃した。この命令は同機を撃ち落すことではあり得なかったはずで、その反対だったはずだ。
・空軍の元総括監察官は、ペンシルヴァニアで墜落したとされる93便は「機体の残骸を一市街区以内の範囲にまき散らしたはずだった」と述べている。だがそれらは8平方マイル(約20平方キロメートル)ほどにバラまかれていた。
・9・11当日勤務していた航空管制官のインタビューを録音したカセット・テープが意図的に壊され、小さく切り刻まれ、その細かい破片は、テープの完全な破壊を保証するためにバラバラに分けて捨てられた。
・ペンタゴンは2000年10月24日に、ボーイング757型機が同ビルに衝突するという想定の〝MASCAL〟という訓練をおこなった。しかしながら他者ともどもコンドリーザ・ライスはくり返し、国内線の航空機が武器として使われるなど「誰一人夢にも思わなかった」と言い張った。

メディアは支配者層の道具

このような疑問はメディアに載ることはほとんどありません。なぜなら、メディアは支配者層の道具にすぎないからです。一例を挙げてみましょう。

世界的な複合メディア企業ニューズ・コーポレーションの代表取締役でメディア王と呼ばれるルパート・マードックの経済顧問は、ロスチャイルド社のアーウィン・ステルザーです。ルパート・マードックは次々とメディアを買収してきました。この資金の出所がロスチャイルドなのです（『アメリカの保守本流』による）。マードックの動きを年代順に見てみましょう。

・１９６９年　英国大衆紙サンを買収
・１９７６年　ニューヨーク・ポストを買収
・１９８１年　英国高級紙タイムズとサンデー・タイムズを買収
・１９８４年　20世紀フォックスを買収
・１９８６年　ＦＯＸテレビを創設
・１９８７年　ザ・ヘラルドとウィークリー・タイムズを買収
・１９８７年　フィナンシャル・タイムズの20％の株を保有
・１９９０年　英国の衛星放送局ＢスカイＢの40％の株を保有
・１９９５年　ネオコン雑誌ザ・ウィークリー・スタンダードを創刊
・１９９６年　ニュース専門のケーブルテレビＦＯＸニュースを設立
・２００３年　米国最大の衛星放送局ディレクＴＶを経営するヒューズ・エレクトロニクスの34％の株を保有
・２００７年　ウォールストリート・ジャーナルの発行元ダウ・ジョーンズを買収

本当かどうか確認はできていませんが、Jew Watch《ジューワッチ》というサイトによれば、既存メデ

メディア王ルパート・マードック。1986年にアメリカでFOXテレビを創設。

ィアの96%がロスチャイルド家の資本傘下にあるそうです(*14)。

では、再び初代ロスチャイルドの世界革命行動計画を思い出してみましょう。

〈⑬誹謗、中傷、偽の情報を流したことでどのような波紋が広がろうと、自らは姿を隠したまま、非難されることがないようにしなければならない。大衆への情報の出口すべてを支配すべきである〉

イタリア元大統領と元ドイツ連銀総裁が9・11偽テロを証言

9・11事件に関しては、疑問だけではなく、たくさんの証言も出てきています。その中で最も核心をついていると思われるのが、イタリアの元大統領フランチェスコ・コシガ氏の証言です。

「欧米のすべての諜報機関はこの大規模な攻撃が、アラブ諸国に非難を差し向け、西側がアフガニスタンとイラクの戦争に参加するため、ユダヤ至上主義者の世界的グループの協力で、CIAとイスラエル課報機関モサドによって計画され、実行されたということを熟知している」

また、元ドイツ連銀総裁エルンスト・ヴェルテケの発言も、事件に国際金融資本が関わっていた証言として注目に値します。

「ニューヨークとワシントンの攻撃に関わった人々が、欧州の証券市場の〝テロ・インサイダー取引〟に関わって利益を得ようとした多くの事実が明らかになっている。直前に、航空会社、保険会社、商社や金や石油市場の不可解な売買がおこなわれている」

日本では元NHK解説委員主幹の長谷川浩氏が、世界貿易センターで犠牲となった被害者の国籍別人数を調べたところ、本来は勤務していたはずの米国とイスラエルの二重国籍を持つ4000人のユダヤ人が一人も死んでいなかった事実をつきとめて、10月10日23時の特別番組でその件を報告したそうです。長谷川氏は、5日後にNHK構内で不審な転落死を遂げています。

テロを口実にした中東支配、「分裂と混沌」を作り出せ!

9・11を口実として米国は対テロ戦争に突入しました。

まずは、「2001年10月」アフガニスタンに侵攻します。

これは初め「無限の正義作戦」と名付けられましたが、さすがに批判が噴出して、のちに「不朽の自由作戦」と改められます。

アフガニスタンは世界を代表する麻薬の生産地でしたが、タリバン政権によって厳しく取り締まられ、大幅に生産が落ち込んでいました。ところが、米軍の侵攻後には親米政権の下で麻薬の生産が大幅に増えて、１８５トンから約44倍の８２００トンに激増しています。今では世界で流通する阿片の93%がアフガン産になったそうですが、それがタリバンの資金源になっているとされています。

しかし、タリバンというのは敬虔《けいけん》なイスラム原理主義者ですから、麻薬は勿論、お酒も御法度です。ましてや彼らは、もともと田舎のお百姓さんですから、世界に麻薬をばら撒けるようなコネもルートも持っていません。ＣＩＡが麻薬の胴元であることは公然の秘密(＊15)ですから、どう考えても、これは濡れ衣でしょう。おそらく、パイプラインの他に、この阿片利権もアフガニスタン侵攻の理由の一つだと思います。

続いて「２００3年3月」イラクにも侵攻を始めます。

米国がイラクを攻撃した理由は、はじめはフセイン大統領がアルカイダと協力関係にあるというものでしたが、イラクの事情を知っている者にとって、世俗化を推し進めているフセインはイスラム原理主義者と仲が悪いことは有名でした。

この理由が通用しなくなると、今度はイラクが大量破壊兵器を持っているというのが侵攻の理由となりました。しかし、イラクは第一次湾岸戦争以来、厳しい経済制裁を加えられていて、大量破壊兵器どころかインフラ整備もできない状態でした。それに、イラクは国連査察団の調査を受け入れ、その結果、大量破壊兵器など持っていないことが判明していました。

この嘘がバレると、今度は独裁者のフセインを倒して中東を民主化するというのが理由として挙げられます。しかし、同じ中東の独裁政権でも親米であるサウジアラビアやクウェート、アラブ首長国連邦などはまったく問題にしていません。

つまり、イラクへ侵攻した理由のいずれもが嘘だったわけです。

イラク戦争は泥沼化して、ブッシュは大失敗したと批判を受けていますが、その指摘はおそらく間違っています。なぜなら、ブッシュの役割は「分裂と混沌」をつくり出すこと。だから、ブッシュはアジェンダを見事に果たしたのだと思います。

偽テロから偽終末預言へ——世界支配を狙う

対テロ戦争は、何もアフガンやイラクだけが相手ではありません。その矛先は米国民へも向かっていると言っても過言ではないでしょう。

テロとの戦いを口実に2001年10月26日、愛国者法が可決されました。

［愛国者法］

・連邦捜査局や警察の秘密諜報部員が国民の家や事務所などを捜索できる。
・政府の秘密諜報部員が国民の電話やコンピューター、インターネットでのやりとりを盗聴できる。
・国民の銀行取引記録やクレジットカードなどの財務記録を秘密裏に調査できる。
・国民の書斎や書籍類などの使用状況を秘密裏に調査できる。
・国民の医療、旅行、商行為などの記録を秘密裏に精査できる。
・事前の通知や許可を得ずに国民の資金や資産を凍結できる。
・秘密の監視対象者名簿を作成し、その者が国内外に旅行することを禁止できる。

その他、次々と下記のような米国民の自由と権利を奪う法令が実施されました。

［大統領令第10999号］

すべての交通手段を支配する権限を政府に与えた。

［大統領令第11000号］
政府の監督の下に国民を労働奉仕団に動員する権限を政府に与えた。
［大統領令第11921号］
大統領が理由を明示せずに緊急事態宣言を発するのを許し、議会は6ヶ月間、その行為の可否を調査できないと定めた。
［下院法案第HR1528号］
盗聴器の取り付けを含む隣人の監視を国民に義務付け、拒否した場合には2年以上の禁固刑が科せられる。
［2005年8月12日付財務省通達］
政府は緊急事態が発生した場合、通貨や金・銀等あらゆる種類の金融商品を押収する権利を有する。
［2005年5月11日］さらに、REAL ID法が成立します。
これはバーコード入りの生体認証付きIDカードの所持を義務付ける法律で、2009年12月31日より実施されることが決まっています。
この法律は、ヨハネによる黙示録の第13章16節～18節を彷彿させるものです。

「小さな者にも、大きな者にも、富める者にも、貧しい者にも、自由な身分の者にも、奴隷にも、すべての者にその右手か額に刻印を押させ、この刻印のない者は皆、物を買うことも売ることもできないようにした。この刻印は、その獣の名、または、その名の数字のことである。ここに知恵が必要である。思慮のある者は獣の数字を解くがよい。その数字とは人間を指すものである。そしてその数字は666である」

さてバーコードに666という数字が隠されていることは御存知でしょうか？

バーコードの数字には意味があって、1番左が国番号、2番目が会社情報、3番目が製品情報となっているのですが、それぞれの間に番号の付いていない長い棒があります。これを読み取り機で読むと「666」になります。バーコードを製造したのがIBMで、IBMがシオニストに関連する企業であることを考えると、どうもこれは偶然とは思えません。彼らは聖書の預言を本気で実現させようと考えているのではないでしょうか？

では、この章の最後に再びロスチャイルドの世界革命行動計画を見てみましょう。

〈①人間を支配するには暴力とテロリズムに訴えると最善の結果が得られる。権力は力の中に存在している〉

〈⑤我々の権利は力の中にある。私が見出している新たな権利とは、強者の権利によって攻撃する権利であり、既存の秩序、規律のすべてを粉砕し、既存のすべての制度を再

バーコードに隠されている666の意図は？

数字のついていない長い2本線は、「666」を示していた！

構築する権利である〉

出典・注釈

（＊12）ペンタゴン・ペーパーズ。正式名称は"History of Decision Making in Vietnam, 1945-1968"（ベトナムにおける政策決定の歴史1945年―1968年）

（＊13）『マクナマラ回顧録――ベトナムの悲劇と教訓』ロバート・S・マクナマラ　仲晃訳（共同通信社）

（＊14）http://www.jewwatch.com/

（＊15）YouTubeで「CIA drug」で検索するとたくさんの証言が見られます。

第7章

世界の現状

——このままではロスチャイルドの狙う地球独裁体制になってしまう⁉

［経済危機①］負の悪循環

本書では、ロスチャイルドがつくった経済システムによって引き起こされている地球規模の危機をかいつまんで説明します。

現在、米国は次のような深刻な経済危機に直面しています。

・サブプライムローン問題
・住宅バブル崩壊↓住宅・地価の下落
・金融機関の危機
・ドル離れ加速
・株下落
・インフレ

世界一の消費大国である米国の消費が減れば、世界経済全体に悪影響が出ます。米国の消費が落ち込めば、中国から米国への輸出が減り、米国と中国で消費が減れば、両国への輸出に依る日本の景気も、当然、ダメージを受けます。

そして、日本企業の業績が悪化すればどうなるのか。生産の縮小→リストラ→失業者の増加や収入減→消費が減る→生産が減る→所得が減る→また消費が減る→（繰り返し）という景気後退のサイクルに突入します（左の景気サイクルの表参照）。

もともと中国のバブルは北京オリンピックまでと言われてきましたが、わざわざバブル崩壊まで待っている投資家はいないので、既に中国への投資は逃げ出し始めています。

株価も昨年10月に付けた最高値より、約半年で半値近くまで下落しています。

消費が減れば物が余って、物価は下がる（＝デフレ）はずですが、実際は原油価格と

「景気拡張のサイクル」
所得が増える→消費が増える→生産が増える→また所得が増える→また消費が増える→また生産が増える→また所得が増える→（繰り返し）

「景気後退のサイクル」
所得が減る→消費が減る→生産が減る→また所得が減る→また消費が減る→また生産が減る→また所得が減る→（繰り返し）

食糧価格の高騰（＝インフレ）が続いています。

景気の悪化とインフレが同時に進行することをスタグフレーションと言いますが、国家破産した国のほとんどは、このスタグフレーションから始まっています。

景気対策として考えられることの一つはケインズ政策で、これは財政支出を増やして有効需要（消費と投資）を増やすというものです。しかし、日本はケインズ政策のやり過ぎで、Ｇ８中最悪の財政状況に陥っています。

もう一つの方法が減税で、サッチャーやレーガンがおこなった政策ですね。つまり、消費に使えるお金を増やす→そうすれば生産が増える→所得が増える→また消費が増える→この繰り返しとなります。

ところが、日本政府がおこなおうとしているのは消費税の増額です。そんなことをすれば、消費が減る→生産が減る→所得が減る→また消費が減る→この繰り返しとなります。

意図的なのか無知なのかわかりませんが、この国の指導者たちは日本経済をどん底に落とすようなことばかりします。

［経済危機②］国家の借金＝国債をどう処理するのか

平成19年度の一般会計予算を見てみましょう。歳入内訳を見ると、税収その他で57兆円しかありません。本当は、この範囲に歳出を止めなければいけないのですが、足りない分を借金で補っています。

いったい何にそんなにお金を使っているかと見ると国債費と社会保障費と地方交付税等で3分の2以上が占められています。

一般会計における歳出歳入の状況はどうでしょうか。バブル崩壊直後から税収が減っているのですが、歳出は増え続けており、その分、借金も増え続けていることがわかります。

毎年毎年、借金を増やし続けた結果、国と地方の長期債務残高は７７３兆円、この他に財政融資資金特別会計国債残高が１４３兆円程度あるので、合計９１６兆円になっています。

「国債の発行を減らす」と公約していた小泉氏が政権を担当していた5年間で約２００兆円も借金が増えています。小泉改革なるものが如何《いか》に口先だけのインチキであったか

平成19年度一般会計予算

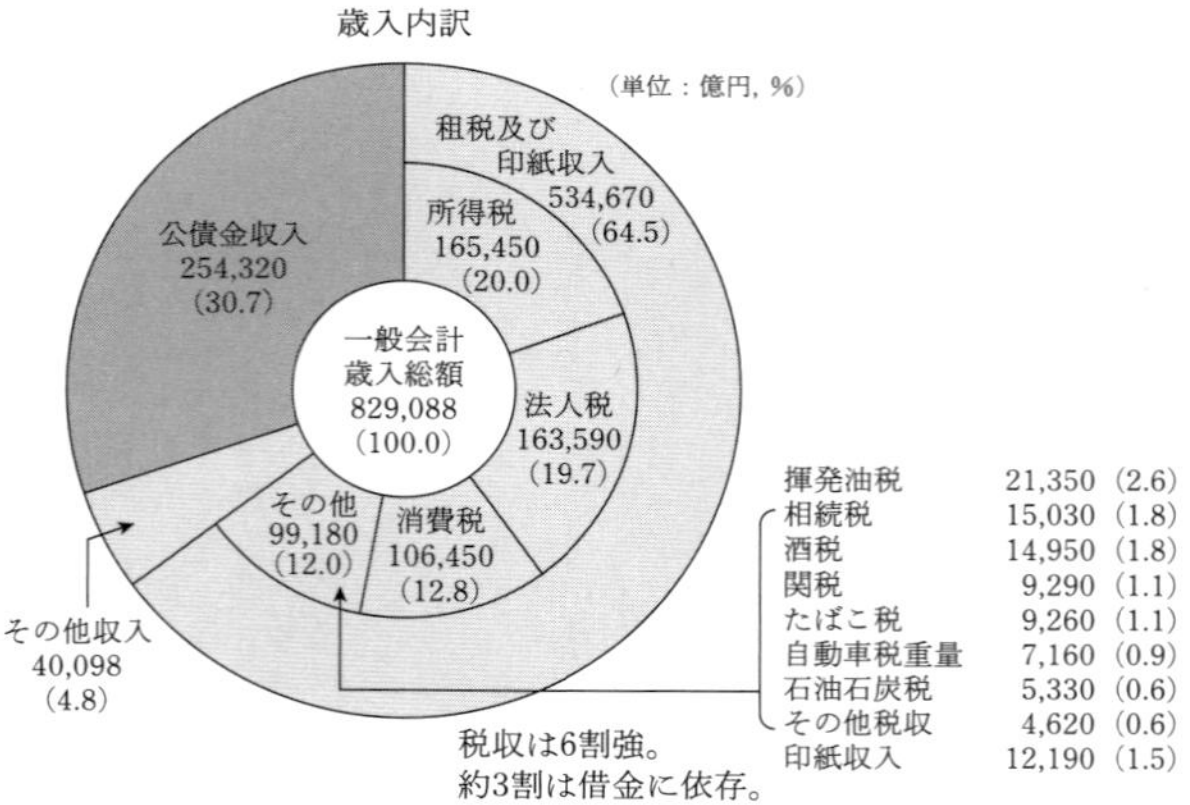
歳入内訳
（単位：億円，%）
租税及び
印紙収入
534,670
（64.5）
所得税
165,450
（20.0）
法人税
163,590
（19.7）
消費税
106,450
（12.8）
その他
99,180
（12.0）
公債金収入
254,320
（30.7）
一般会計
歳入総額
829,088
（100.0）
その他収入
40,098
（4.8）
揮発油税 21,350（2.6）
相続税 15,030（1.8）
酒税 14,950（1.8）
関税 9,290（1.1）
たばこ税 9,260（1.1）
自動車税重量 7,160（0.9）
石油石炭税 5,330（0.6）
その他税収 4,620（0.6）
印紙収入 12,190（1.5）
税収は6割強。
約3割は借金に依存。

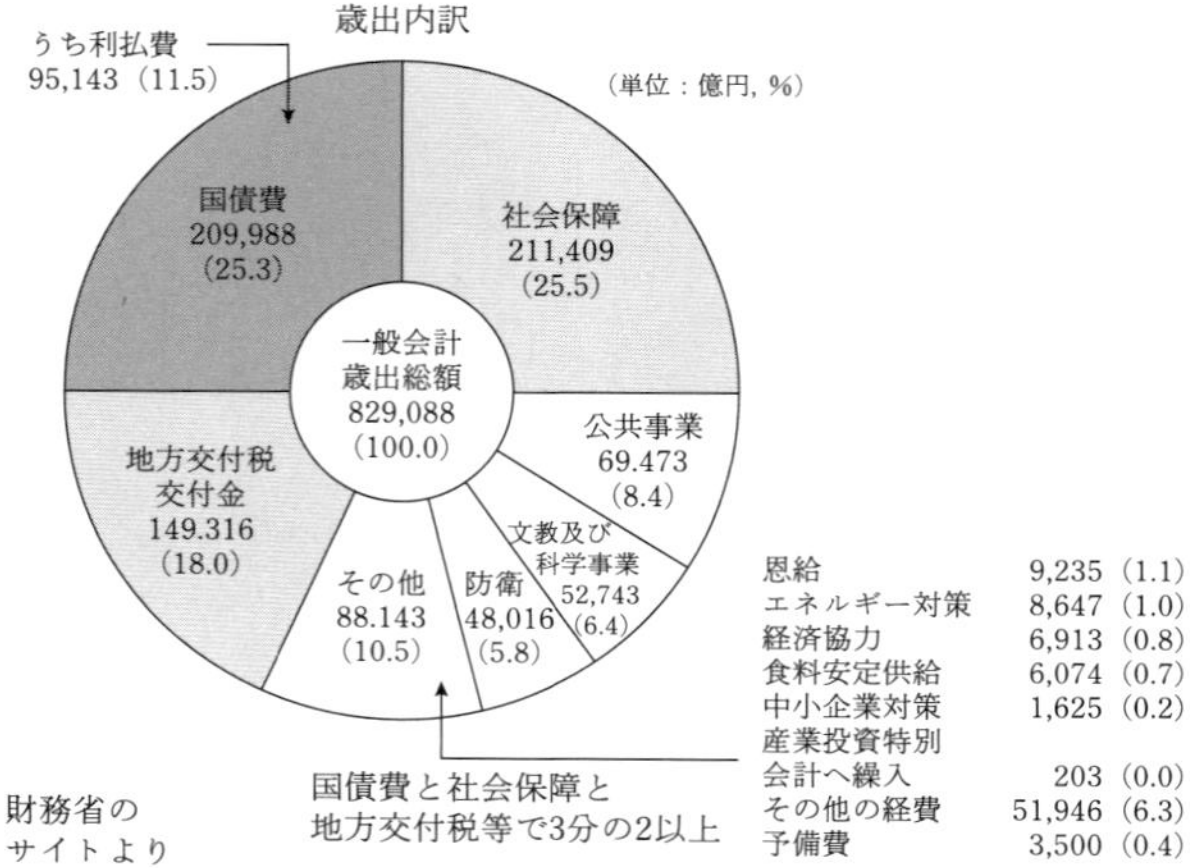
歳出内訳
うち利払費
95,143（11.5）
（単位：億円，%）
国債費
209,988
（25.3）
社会保障
211,409
（25.5）
一般会計
歳出総額
829,088
（100.0）
公共事業
69.473
（8.4）
文教及び
科学事業
52,743
（6.4）
防衛
48,016
（5.8）
その他
88.143
（10.5）
地方交付税
交付金
149.316
（18.0）
恩給 9,235（1.1）
エネルギー対策 8,647（1.0）
経済協力 6,913（0.8）
食料安定供給 6,074（0.7）
中小企業対策 1,625（0.2）
産業投資特別
会計へ繰入 203（0.0）
その他の経費 51,946（6.3）
予備費 3,500（0.4）
国債費と社会保障と
地方交付税等で3分の2以上

財務省の
サイトより

一般会計における歳出歳入の状況

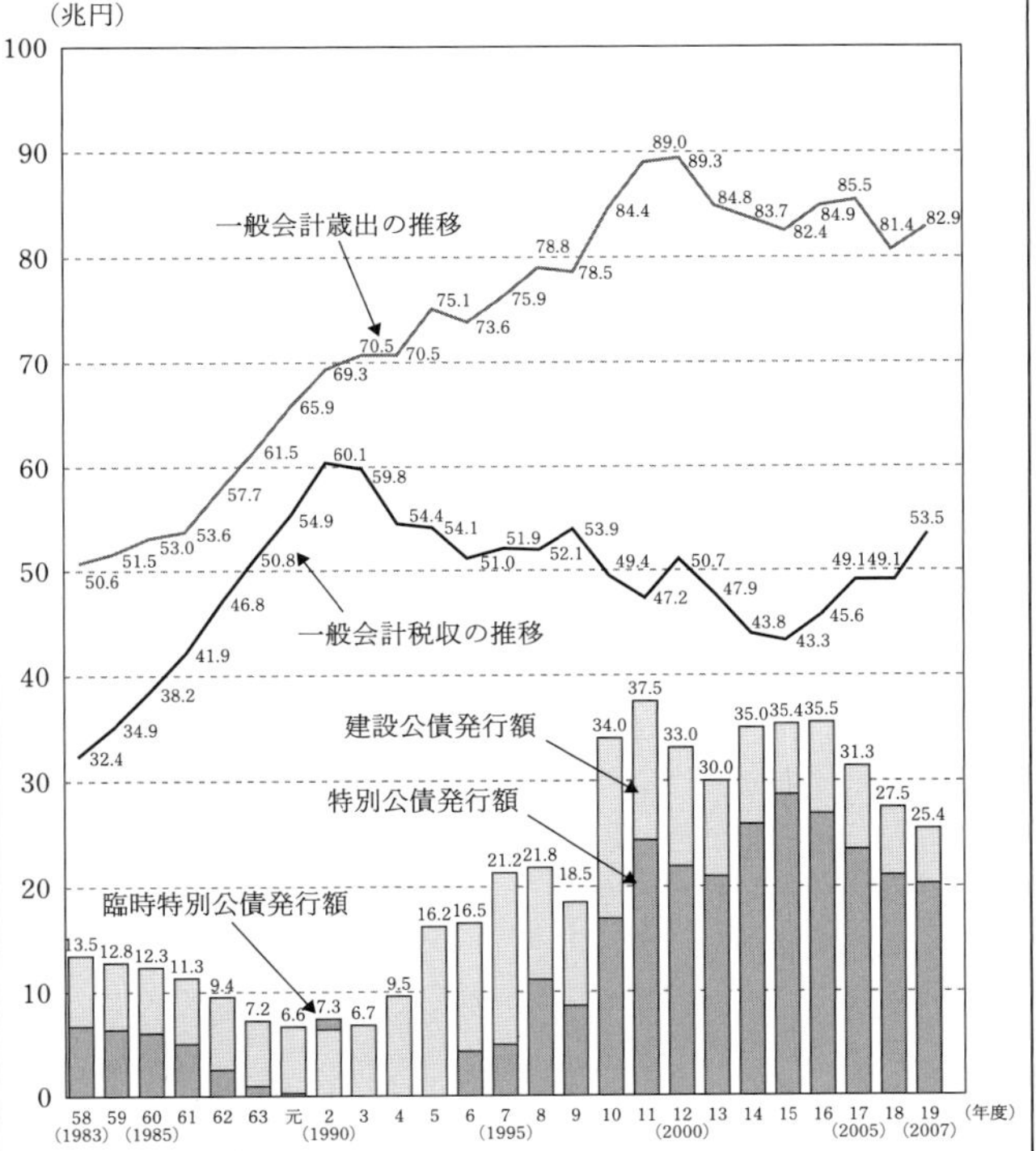

財務省のサイトより

が、よくわかりますね。

次頁は対GDP比による債務残高の国際比較です。

表のとおり、日本が先進国中ダントツの第1位ですね。

では、その国債を誰が買っているのかを見てみると、85%が政府と民間の金融機関です。そして、その原資となっているのは私たちの預貯金、年金、保険金です。

歴史的に見て、どんな大国でも永遠に借金し続けられた国はありません。古くはローマ帝国、最近ではソ連も財政破綻が要因となり滅亡しました。日本国政府が財政破綻すれば、私たちの預貯金、年金、保険金も吹き飛ぶことになります。

ここまで見てきたのが一般会計予算で、いわゆる表の帳簿です。ただ、日本には特別会計という裏の帳簿があって、これは国会の承認がなくても各省庁がその裁量で自由に使えるお金です。

平成19年度の特別会計予算は、362兆円。財政規模から見れば、本当の日本の予算は、この特別会計と言えるでしょう。

特別会計の歳出総計から重複計上分を差し引けば純計は175兆。これに一般会計の82・9兆と地方歳出の65・7兆を加えると合計323・6兆円にもなります。

平成19年度のGDPは521・9兆円なので、実に**GDPの62%が政府系支出**という

公債残高の累増

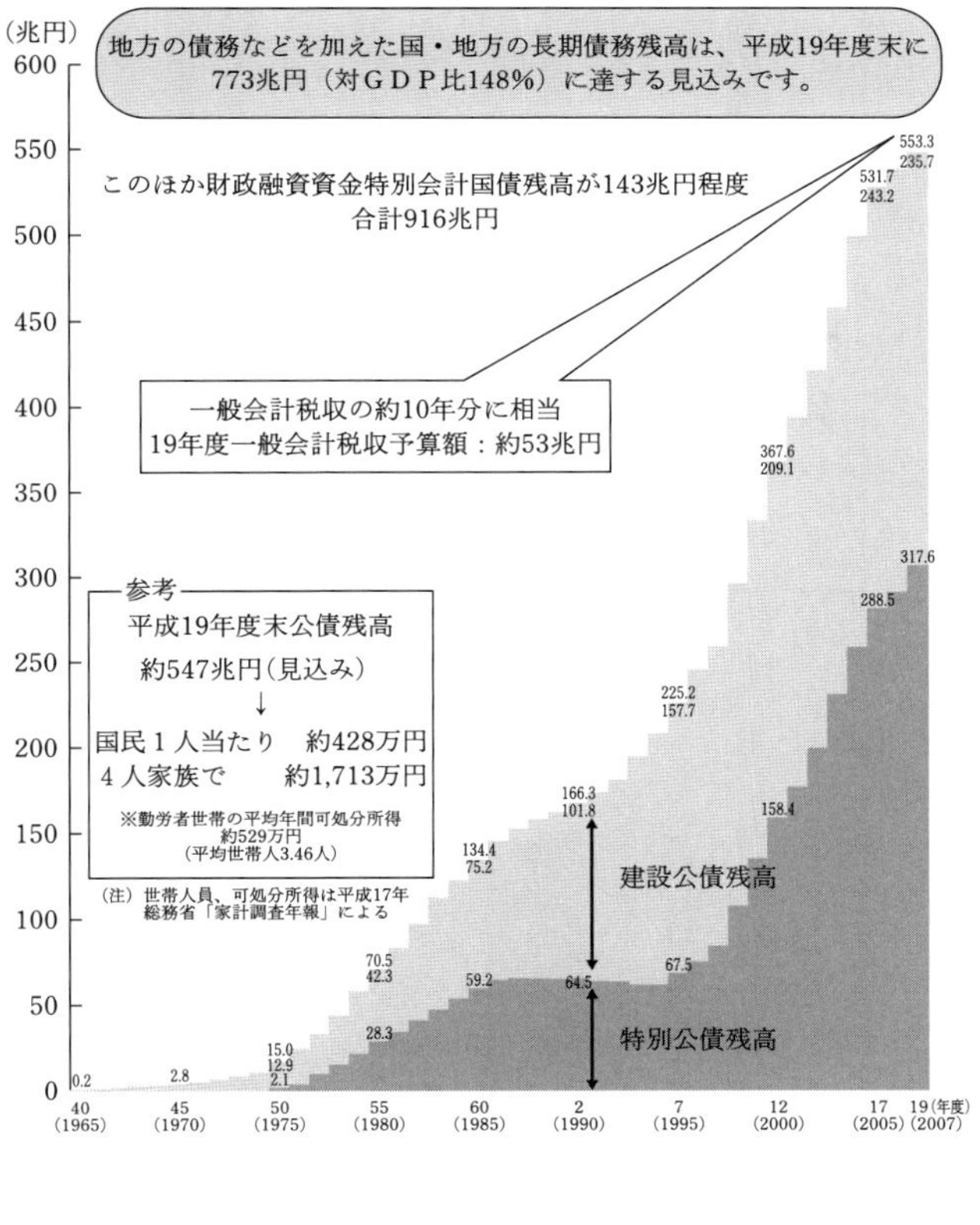

（兆円）
600
550
500
450
400
350
300
250
200
150
100
50
0
地方の債務などを加えた国・地方の長期債務残高は、平成19年度末に773兆円（対ＧＤＰ比148%）に達する見込みです。
このほか財政融資資金特別会計国債残高が143兆円程度
合計916兆円
一般会計税収の約10年分に相当
19年度一般会計税収予算額：約53兆円
参考
平成19年度末公債残高
約547兆円（見込み）
↓
国民１人当たり　約428万円
４人家族で　約1,713万円
※勤労者世帯の平均年間可処分所得
約529万円
(平均世帯人3.46人)
(注) 世帯人員、可処分所得は平成17年
総務省「家計調査年報」による
建設公債残高
特別公債残高
0.2
2.8
15.0
12.9
2.1
70.5
42.3
28.3
134.4
75.2
59.2
166.3
101.8
64.5
225.2
157.7
67.5
367.6
209.1
158.4
531.7
243.2
288.5
553.3
235.7
317.6
40 (1965)
45 (1970)
50 (1975)
55 (1980)
60 (1985)
2 (1990)
7 (1995)
12 (2000)
17 (2005)
19(年度) (2007)

財務省のサイトより

債務残高の国際比較（対 GDP 比）

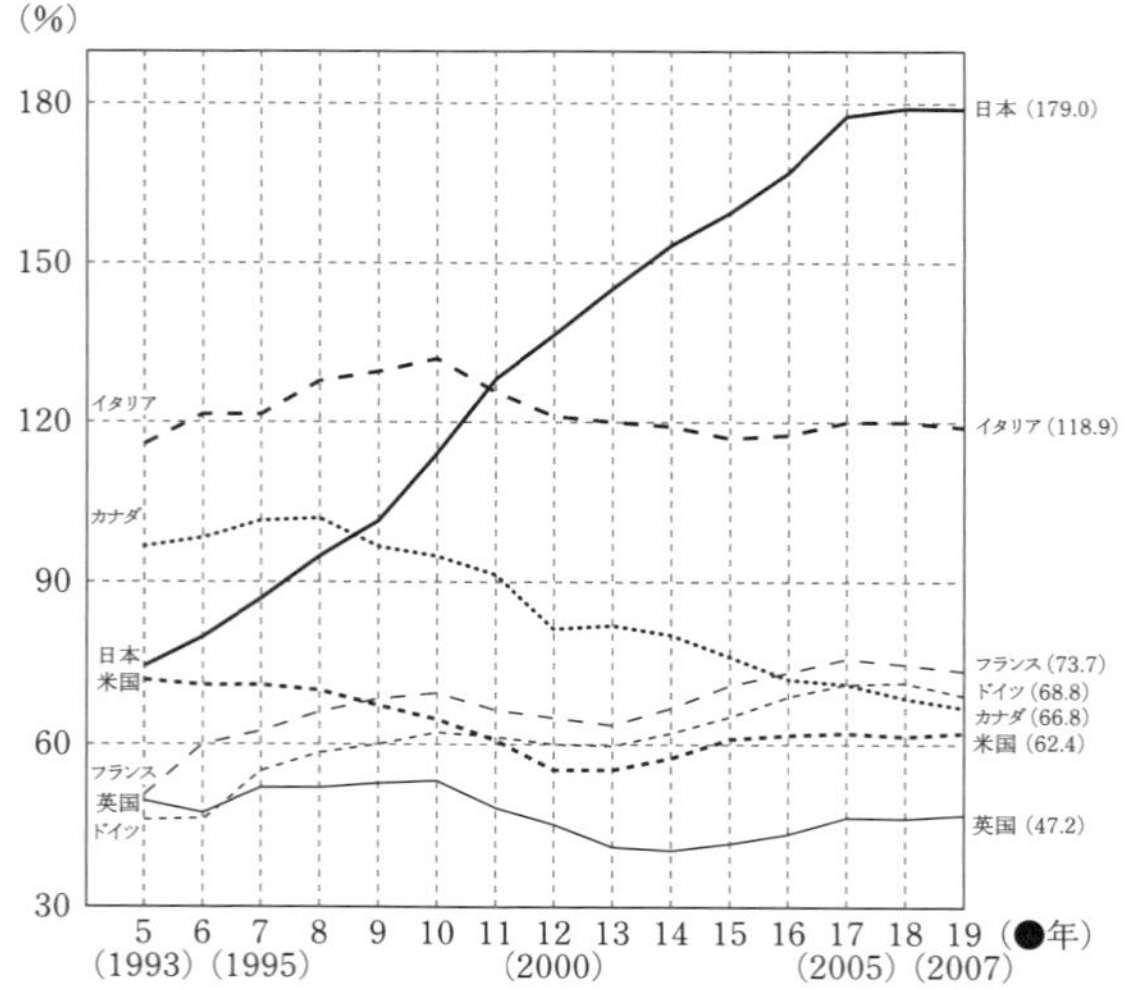

国債保有者の割合

国債保有者の割合

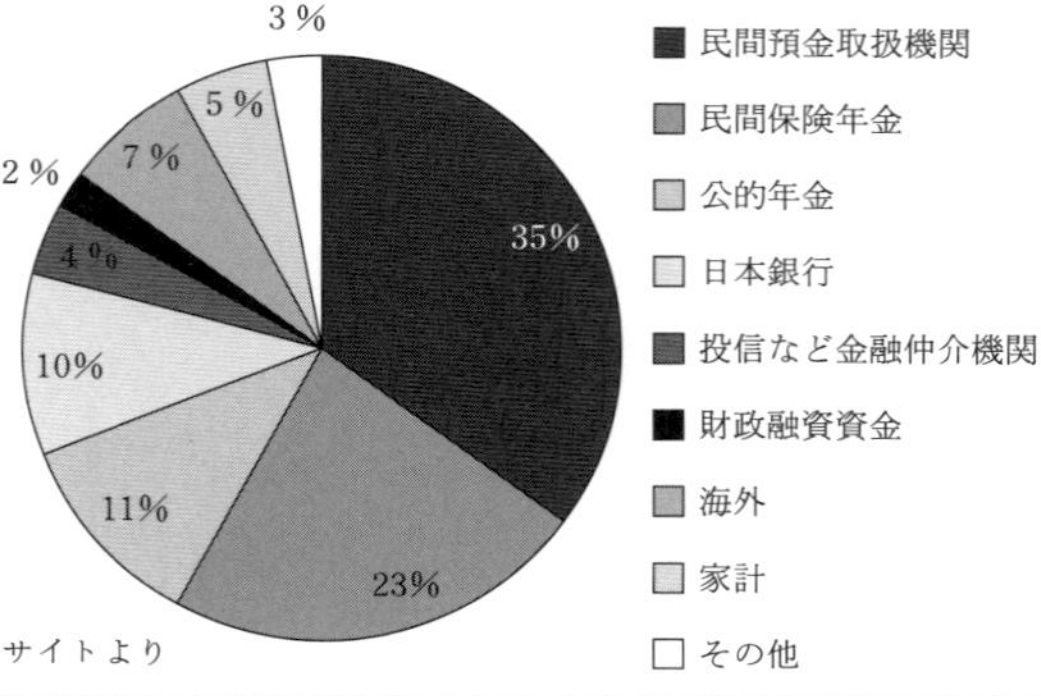

財務省のサイトより

特別会計の歳出規模（平成19年度予算）

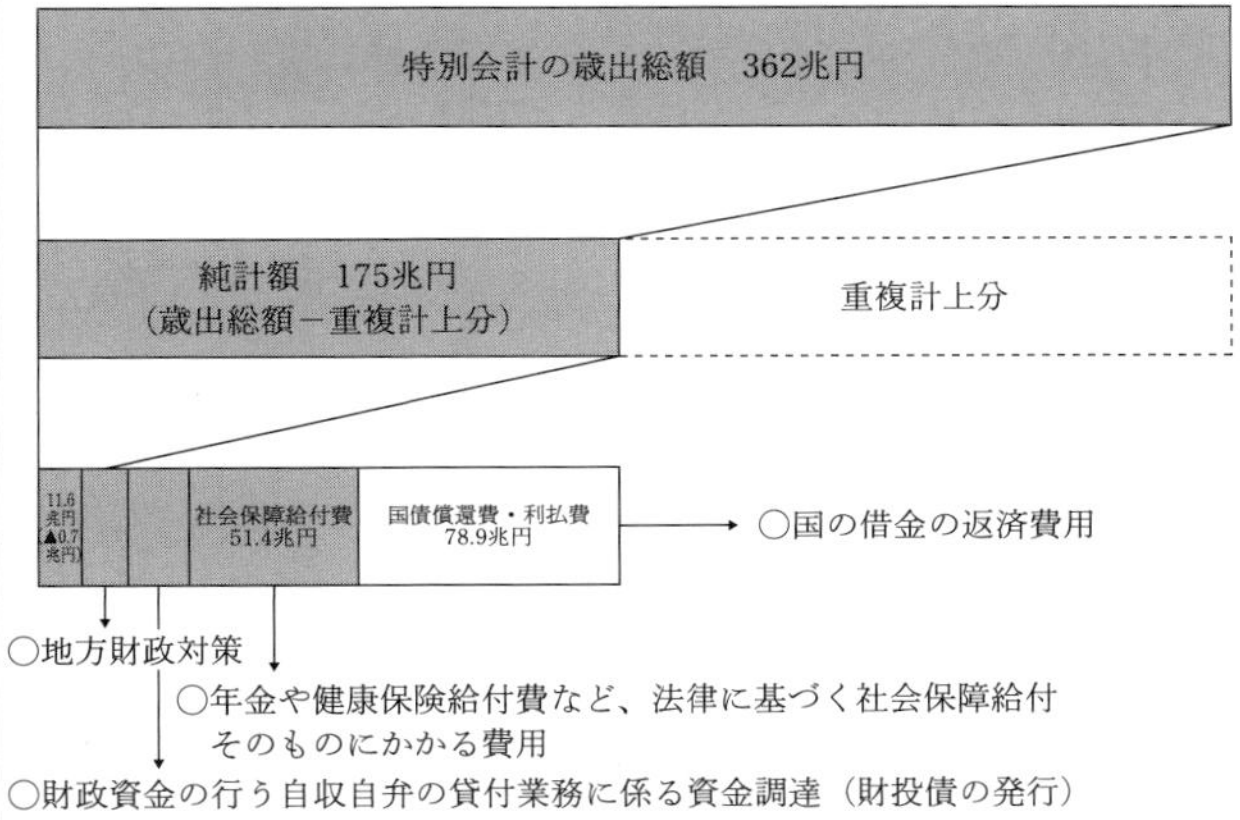

財務省のサイトより

ことになります。

そして、この**特別会計の原資も、私たちの預貯金、年金、保険金**が多く使われています。

つまり、日本経済の実態とは、私たちの預貯金、年金、保険金を原資とした借金を上から流し込み、政・官・財・ヤクザの「鉄の四角形」がその利権に群がるという構図になっているのです。

次は、貯蓄率と人口における高齢者の割合の推移です。

見たとおり、バブル崩壊後から貯蓄率は下がり続け、65歳以上の人の割合が増え続けています。

総務省によれば、日本は先進国の中で最も高齢化が進んでおり、今後も一層の高齢化が見込まれています。

２０００年には就労人口の３・６人で１人の老人を支えていたものが、２０２５年には１・８人につき１人となり、２０５０年には１・２人で１人を支えなければならなくなると試算されています。

これ、支えきれますか？

貯蓄率と人口における高齢者の割合の推移

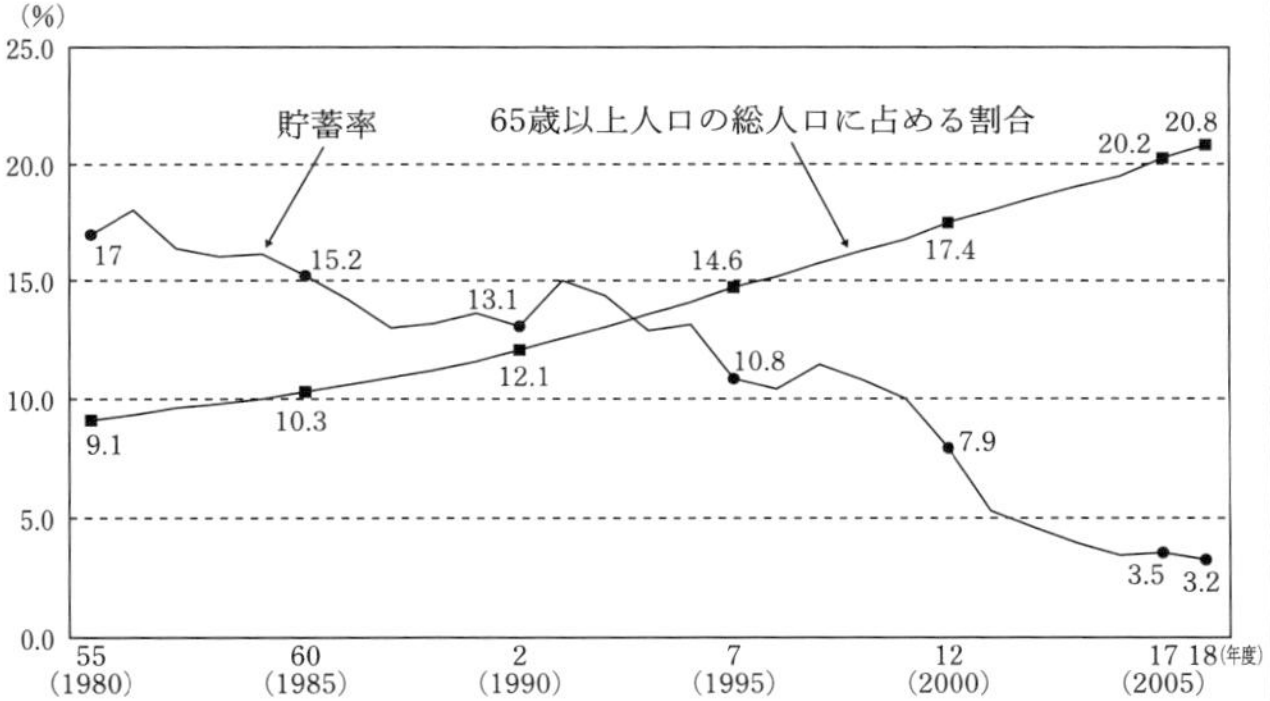

少子高齢化の進展

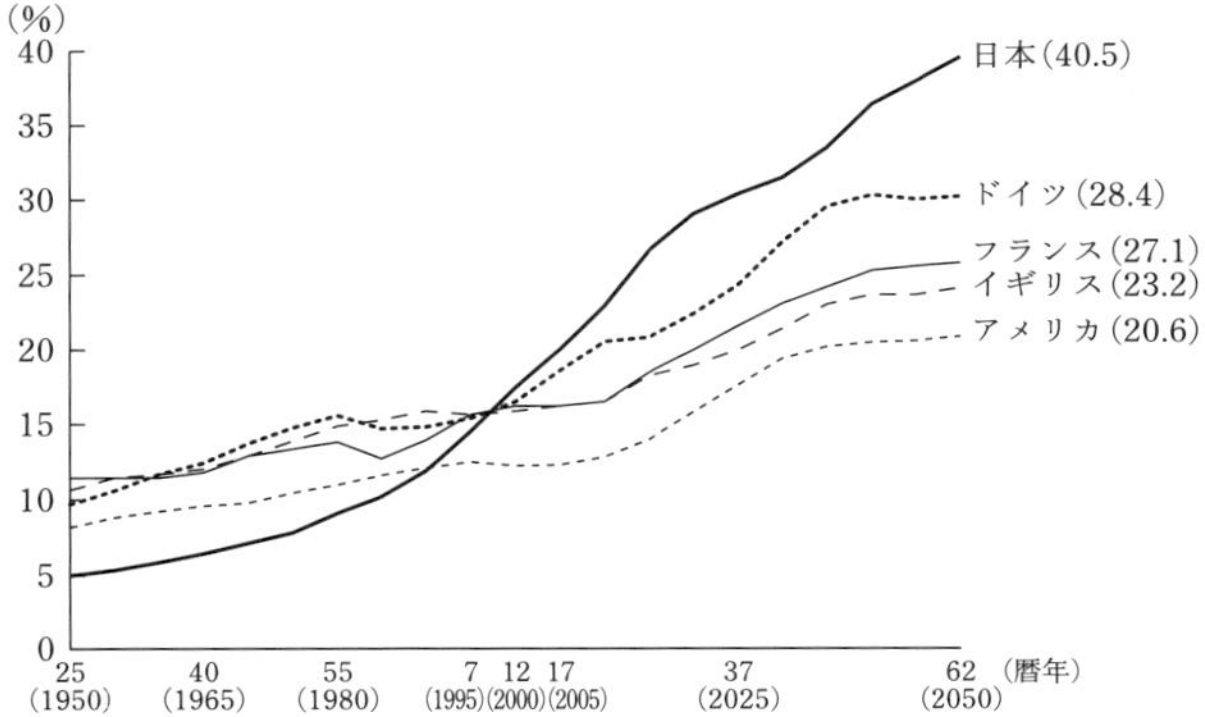

財務省のサイトより

支えられるはずありませんよね。

現在、後期高齢者医療制度が「姥捨《うばす》てだ！」と批判されていますが、まだまだ序の口です。本格的な姥捨て社会は、これから始まります。

このままいけば……ですが。

［経済危機③］負の悪循環を断ち切る国家破産の方法

国家には国際的に認められた破産法がありませんから、個人のような救済措置がありません。ジョン・メイナード・ケインズによれば、国家破産には三つの方式があるそうです。

①［債務帳消し型……デフォルトｏｒ預金封鎖］

債務帳消し型には二つの方法があります。一つはデフォルト。つまり借金の返済をやめてしまうことです。この場合、国債の保有者は金融機関がほとんどなので、銀行は倒産し、国民の預貯金は引き出せなくなるでしょう。また、国際的な信用もなくなり、円の暴落も予想されます。

もう一つの方法は、預金封鎖。預金を新旧に分け、当分の間、旧の預金勘定を一定額しか引き出せないようにします。政府が大量に発行した国債を旧勘定にして凍結してしまうのです。戦後すぐ、日本が2回目に破産した時は、この手法が取られました。

②［債務所有者に対する資本課税型……大増税］

日本の債務所有者は直接的には金融機関ですが、間接的には国民です。政府には課税権がありますので、大増税をして国民から税金をしぼり取ることができます。戦後の破産時にも10万円を超える資産に対し25～90％の高額な財産税がかけられました。

③［財政暴力出動型……ハイパーインフレ］

日銀がお札をどんどん印刷することでハイパーインフレを起こすことができます。つまり、貨幣価値を大幅に下落させるわけです。そうすることによって実質的に借金を減らすことができるわけですが、私たちが何年・何十年もかけて貯めてきたお金も、アッという間に価値を失います。

［経済危機④］日本の財政破綻は不可避!?　ネバダ・レポート

2002年に米国の金融専門家によって書かれたネバダ・レポートが話題になりまし

た。米国の金融専門家たちは、日本の財政状態は既に回復不可能で遠からず破産すると予測していて、日本がＩＭＦの管理下におかれたときの措置が次のように書かれていました。

①　公務員の総数、給料は30％以上カット。及びボーナスは例外なくすべてカット。
②　公務員の退職金は１００％すべてカット。
③　年金は一律30％カット。
④　国債の利払いは５～10年間停止。
⑤　消費税を20％に引き上げる。
⑥　課税最低限を引き下げ、年収１００万円以上から徴税をおこなう。
⑦　資産税を導入して不動産には公示価格の５％を課税。債券・社債については５～15％の課税、株式は取得金額の１％を課税。
⑧　預金は一律１０００万以上のペイオフを実施。第２段階として預金額を30～40％財産税として没収。

［経済危機⑤］原油決済の転換がドル基軸通貨崩壊の始まり

危機的な状況は日本だけじゃなく、米国も危険な状態です。とくに、ブレトン・ウッズ会議以来続いてきたドルの基軸通貨体制はいまや崩壊寸前になっています。

この10年近く、ドルの基軸通貨体制を崩そうとする動きが世界的に続出しています。

1999年　ユーロ誕生。

2000年　フセイン、原油の決済通貨をドルからユーロに変える。

2001年　9・11とアフガン攻撃。

2002年　ユーロ現金流通開始。

2003年　イラク攻撃。イラク原油の決済通貨をドルに戻す。

2006年　ロシア、ルーブルによる石油取引を開始。

2006年　プーチン大統領「ルーブルを世界通貨にする」と宣言。

2007年　イランが「原油のドル決済を完全に停止」と宣言。現在はユーロ・円で決済。

2008年　ロシアのメドベージェフ大統領「資源をルーブル決済にする」と宣言。

米国は世界一の財政赤字・経常赤字・対外債務国家ですが、それでも何故破産しなかったかといえば、ドルが基軸通貨だったからであり、特に原油の決済がドルのみでおこなわれてきたことが重要な要因でした。しかし、今ではユーロができてドルを上回る流通量となり、ロシアやイランといった資源大国がドル以外の原油決済を始めました。

このままドルが基軸通貨の地位を失えば、米国は国家破産となり、世界一の経済大国アメリカの破産は世界恐慌へつながるでしょう。

［経済危機⑥］実質的には破綻しているアメリカの財政

実は既に昨年の11月、米国の会計検査院は「累積赤字が53兆ドルを突破しており、救済の可能性はゼロに等しい」と実質的な財政破綻宣言をしています（報告書 http://fms.treas.gov/fr/06rusg/06gaol.pdf）。

この危機的な状況に対してFRBがどんな対策をしているかと言えば、緊急融資の増額と金利を大幅に下げることですが、これは逆効果にしかなりません。金融機関が陥っているのは資金難ではなく、資産価値の下落であり、緊急融資や利下げは一時的な延命効果しかありません。

ＦＲＢが巨額の資金を注入するほどドルの発行量が増加し、世界的なインフレが進行します。そして、ドルを避けた投機資金は商品市場に流れ込み、石油や金や穀物の相場を上昇させます。また、利下げをすれば、米国の金融市場への資金流入が細ります。投資家はドル建て金融商品を売って、ユーロや人民元の資産を買う傾向を強めていきます。つまり、ＦＲＢが資金供給や利下げをするほどインフレとドル安がひどくなり、ますます状況は悪化していくだけです。ということは、ＦＲＢにはドルを救済する意思がないということになります。

［経済危機⑦］北米共通通貨ＡＭＥＲＯ《アメロ》誕生か？

では、いったいＦＲＢは何を狙っているのか？　既にドルのクラッシュ・プログラム（破綻計画）は完成していると思います。

２０１０年までには、米国とカナダ、メキシコが一体となって北米経済圏（ＮＡＵ＝North American Union《ノースアメリカンユニオン》）をつくる構想があり、北米共通通貨アメロ（ＡＭＥＲＯ）も既に準備が完了しているようです。

つまり、ドルをクラッシュ（破綻）させ、借金を帳消しにし、新たな通貨でやり直すということですね。国家破産の方式に当てはめれば債務帳消し型です。
欧州連合（European Union《ヨーロピアンユニオン》）、北米連合（North American Union）と来れば、当然、次はアジア連合（Asian Union《アジアンユニオン》）という流れになるでしょう。

問題は、国際経済研究所のフレッド・バーグステンが言ったように「日本が人民元ブロックの一員となる」のかどうかですね。

今の状況で日本と中国が仲良くアジア連合を組むとは思えませんから、何か危機的な事態が引き起こされて、中国が日本を併合するシナリオが用意されている可能性が十分あります。

イスラエル・ロビーのサミュエル・バーガーが「中国を強大な軍事国として、新世界秩序に組み込む」と言った意味は、ここにあるのではないでしょうか？

アジア共通通貨ができて、ユーロ、アメロとペグ制（連動）を取れば、実質的な世界統一通貨のでき上がりです。

北米共通通貨は世界統一通貨への布石か？

実質的に破綻しているドルにかわって、北米共通通貨アメロの発行が準備されている。しかし、その真の狙いは、世界統一政府樹立のための世界通貨統一なのだ。

[戦争危機①] 中東危機は最終戦争《ハルマゲドン》演出への布石か!?

経済危機の次は、戦争の危機について見ていきましょう。

イスラエルは、四国くらいの小さな国であり、周りはすべてイスラム教徒のアラブ人に囲まれています。イスラエルは、パレスチナに散々ひどいことをおこなってきましたから、パレスチナの同胞であるアラブ人にかなり恨まれています。

現在、イスラエルは、南側のガザ地区でパレスチナの武装勢力ハマスと、北側ではレバノンの武装勢力ヒズボラと一触即発の戦闘状態にあり、ハマスとヒズボラは背後からイランが支援しています。だから、イスラエル・ロビーに操られている米国政府は、何とかイランを潰そうと躍起になっているのです。

もし戦争となれば反米・反イスラエルのシリアもこの戦いに参戦してくるでしょう。最も怖いのはイスラエルが追い詰められた時です。彼らは200発の核弾頭を保有していますから、暴発する可能性があります。何せ聖書の預言である最終戦争を心待ちにしている人たちが大勢いる国です。

ちなみに最終戦争のことをハルマゲドンと言いますが、正しくはハル・メギドであり、

ハルマゲドンの舞台、中東地域

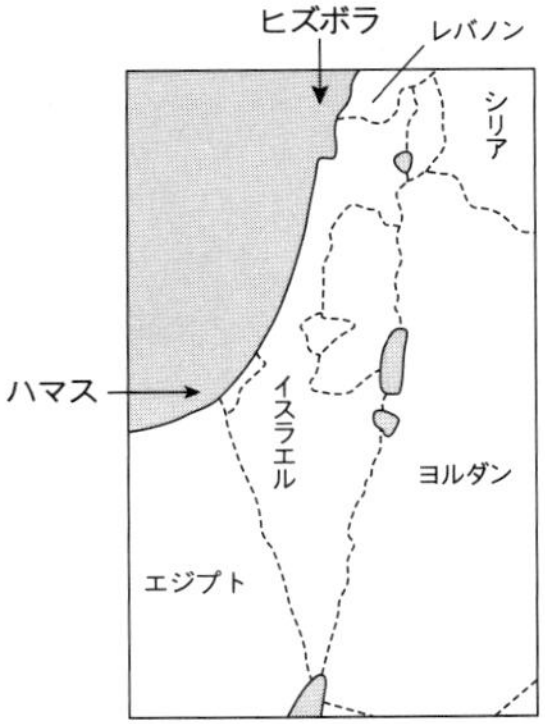

ユダヤ教世界500万人とアラブのイスラム教世界２億人の対立もまた、国際金融資本家たちが長期的に計画していたことだった。

イスラエルにあるメギドの丘で繰り広げられる神と悪魔の最終戦争のことを言います。だから、終末待望論者（これはユダヤ教徒だけじゃなくキリスト教徒にもイスラム教徒にもいます。ブッシュ大統領やイランのアフマネディジャド大統領も終末待望論者です）にとって、最終戦争はイスラエルで起きなければならないのです。

最終戦争までならないとしても、イランとの戦争が起きれば、ホルムズ海峡が封鎖される惧《おそ》れがあります。中東の石油は、このホルムズ海峡を通って世界中に供給されますから、ホルムズ海峡が封鎖されれば、世界の経済活動がマヒしてしまいます。

［戦争危機②］中東大戦争へ発展か？

ブッシュ政権でイランへの空爆計画を推進しているのはチェイニー副大統領ですが、2008年3月10日にイスラエルのリブニ外相が訪米し、チェイニー副大統領と会談しました。その翌日、イラン空爆に反対してきた米軍の中東担当司令官ウィリアム・ファロンが3月末日で辞任すると発表されています。ファロン司令官は空爆計画に反対する米軍制服組幹部の最高位にあたる人物です。ですから、いつイラン空爆が始まってもおかしくない状況にあります。

米軍のイラン空爆が始まれば、「イスラエル＋米国」対「ハマス＋ヒズボラ＋イラン＋シリア」という状態になり、言い換えれば「ユダヤ教世界」対「イスラム教世界」の全面戦争となるでしょう。さらに、イランの背後にはロシアや中国を中心とする非米同盟、上海協力機構がついています。

上海協力機構はＮＡＴＯに対抗する集団安保体制であり、加盟国にロシア、中国、カザフスタン、キルギスタン、タジキスタン、ウズベキスタンがあり、オブザーバーとしてイラン、インド、パキスタン、モンゴルが参加しています。さらに、アフガニスタンとベラルーシが加盟申請しています。

ここで再びアルバート・パイクの未来計画を思い出してみましょう。

〈第三次大戦は、シオニストとアラブ人との間に、イルミナティ・エージェントが引き起こす、意見の相違によって起こるべきである。世界的な紛争の拡大が計画されている〉

このとおりの展開にならないことを祈らずにはいられません。

［環境危機①］地球温暖化とアル・ゴアの不都合な真実

環境問題も、ますます深刻な状態になっています。森林破壊、砂漠化、資源枯渇、大気汚染、水質汚染、土壌汚染、食糧不足、水不足、地球温暖化、等々です。

『地球温暖化サバイバルハンドブック』という本があります。イギリス本家の御曹司《おんぞうし》デヴィッド・デ・ロスチャイルドが書いていますが、「地球温暖化は二酸化炭素が原因」というのは非常に怪しい説です。

地球温暖化＝二酸化炭素説は、アル・ゴアの『不都合な真実』によって定着した感がありますが、このアル・ゴアの活動資金はジェイコブ・ロスチャイルドの友人、大富豪のマーク・リッチが提供してきました。

リッチはジョージ・ソロスの資金源であり、国際的な鉱物業者であり、武器・麻薬商人であります。リッチは脱税等で300年以上の刑期を科されていましたが、クリントン大統領が退任直前に恩赦《おんしゃ》しています。この時、記者に詰め寄られたクリントンが何と言ったかといえば「脱税なんかで起訴されるのがおかしい」と洩《も》らしています。大統領が「脱税なんか」ですよ！　もう無茶苦茶ですよね。

地球温暖化のプロパガンダ

二酸化炭素こそが地球温暖化の原因だとする学説の背後には、原発産業を推進したいロスチャイルド家の意向がある。

ちなみにアル・ゴアの父親は、ソ連に利権を持つユダヤの政商アーマンド・ハマー（米国共産党創設者の息子）の企業で、世界各地で環境汚染を引き起こしてきたオクシデンタル石油の副社長でした。

アル・ゴアの娘カレナは、ジェイコブ・シフの曾孫《ひまご》アンドリュー・N・シフと結婚しています。

『不都合な真実』の成果で、その危険性とコスト高ゆえ衰退しかけていた原発が息を吹き返しました。

温暖化や気候変動の要因は複合的であり、二酸化炭素だけが問題ではなく、温室効果ガスの75〜95％は水蒸気が原因とされています。二酸化炭素が大気中に占める割合は、たったの0・054％しかありません。だから、全体から見れば二酸化炭素の影響というのは、決して大きな要因ではないのです。また、海水が蒸発すれば二酸化炭素が増えるので、どちらが原因でどちらが結果なのかというのはハッキリしていません。

かなり多くの学者が異論を唱えているのですが、そういう論文は学会でもマスコミでも無視され続け、「地球温暖化は二酸化炭素が原因」というものだけが正論として認知されてしまいました。私も相当いろいろな論文を読みましたが、太陽活動が活発化した結果、温暖化しているというのが一番正しいような気がします。

原発推進の旗振り役アル・ゴア

アル・ゴアはロスチャイルド家と深いつながりがある。彼の環境運動の背後には原発産業の利権がからんでいるのだ。

いずれにせよ、原発はウランの採掘から精製、運搬、そして廃棄物処理を化石燃料に依存していますし、膨大な熱を海に排出し、海水を温め続けているので「地球温暖化防止のために原発を」というのは真っ赤なウソです。

つまり、アル・ゴアはロスチャイルドやマーク・リッチのような原発業者の代理人であり、一流のセールスマンということですね。

［環境危機②］深刻な食糧危機

以下に列記するのは、週刊東洋経済2月23日号の「食の戦争」という特集の記事を要約したものです。食糧危機が本当に深刻な状況になっていることがご理解いただけると思います。

・シカゴ先物市場での2005年初から2008年2月5日までの値上がり率は、小麦3・32倍、トウモロコシ2・52倍、大豆2・46倍。

・アメリカのトウモロコシはバイオ燃料向けが輸出を上回る。バイオ燃料利用の義務化を法律で定めた。2015年にはバイオ燃料に侵食されて輸出は止まる。

・日本の畜産向け飼料は米国頼み。トウモロコシ輸入の96％を依存。畜産・酪農農家、鶏卵業界で廃業・倒産が相次いでいる。大規模経営農家がコスト高／米価下落で行き詰まりつつある。
・ロシア、ウクライナ、ベトナム、アルゼンチン、中国など大生産国で穀物の輸出規制相次ぐ。
・農業の担《にな》い手の57％は年金受給世代。基幹的農業従事者は２００５年調べで65歳以上が６割近い。39歳以下は11万人、４・９％に過ぎない。
・コメ農家の時給　２５６円／１時間当たり家族労働報酬（２００７年）
・耕作放棄地の割合が急速に進行。

（以上週刊東洋経済2月23日号「食の戦争」特集より要約）

[支配計画①]　新世界秩序

ロスチャイルド一族をはじめとする国際金融資本と、その同盟者であるエスタブリッシュメントたちが目指すものは、New World Order《ニューワールドオーダー》＝新世界秩序です。
New World Orderとは、別の言い方ではOne World《ワンワールド》であり、一般的にはGlobalization《グローバリゼーション》

と言われています。

その目的は、一部の国際金融資本家と知的エリートが絶対的な権力で大衆を管理・コントロールする平和な社会をつくること。ですから中央集権主義（Centralism）です。その方法としては、国家権力の上位に超国家権力を置き、その機関を支配することによって全世界を支配する。

戦略としては「分割して統治せよ」「両建て作戦」「正＋反＝合」そして「分裂と混沌」です。

［支配計画②］新階級社会

新世界秩序をさらに別な言い方にすれば、新階級社会です。

左の図は現在の米国の状況を表したものですが、今後はこのような階級社会が世界中に普及していくことになるでしょう。

再びマイヤー・アムシェル・ロスチャイルドの世界革命行動計画を見てみましょう。

〈㉒最終的には、我々の運動に尽くす少数の金持ち、および我々の利益を守る警察と兵士と、プロレタリアートの大衆が残ればいい〉

ピラミッド型の支配構造

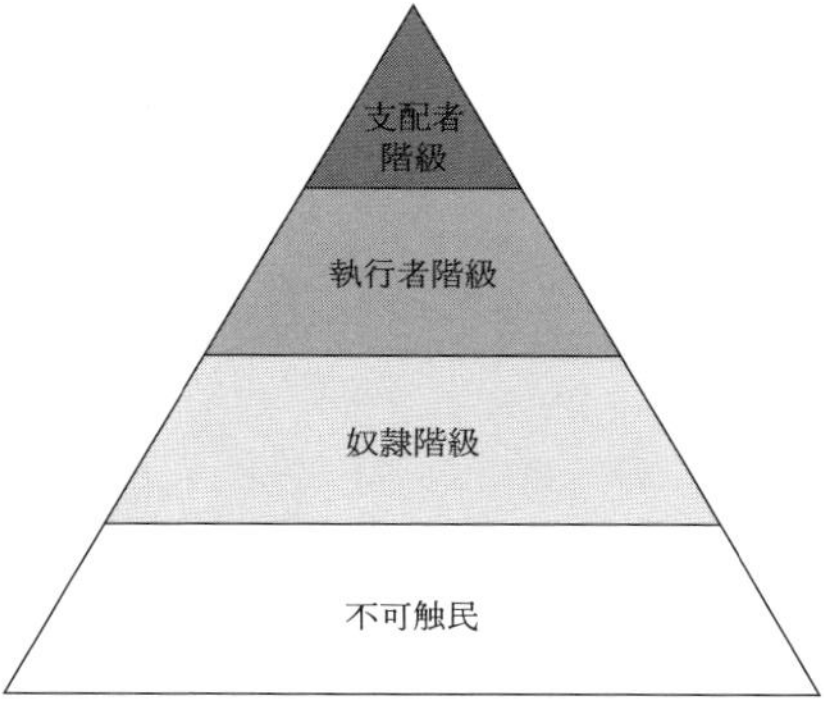

〝彼ら〟の目指す新世界秩序とは１ドル紙幣に描かれているピラミッドに象徴される階級社会である。
支配者階級：国際エリート銀行家、多国籍企業の経営者、王侯・貴族から成る人口１％にも満たない特権者。
執行者階級：支配者階級の利益を守るため、それなりの〝報酬〟を与えられて特権者の意思を実行する代理人。
奴隷階級：社会の大多数を占める、支配者階級、執行者階級を支えるよう教化された働き蜂集団。
不可触民：社会に寄与しない底辺層。

と言うことらしいです。

前頁の図はお馴染み1ドル札にある彼らのシンボルマークですが、下の部分にラテン語でNovus ordo seclorumと書いています。これはNew World Order＝新世界秩序ですね。

上の部分にはAnnuit Coeptisと書いてあります。これもラテン語ですが、「計画に同意せよ」という意味を持っています。

つまり「新世界秩序という我々の計画に同意せよ」と言っているわけです。

どうです？　あなたは同意しますか？

第8章

未来への提案

——偽りの経済システムをこえて自立型経済の実現へ

私たちは不当な経済システムのなかで暮らしていた！

ロスチャイルド一族をはじめとする国際金融資本と、その同盟者であるエスタブリッシュメントたちが世界を支配しているといっても、逐一、私たちに命令を下しているわけではありません。**彼らは社会・経済システムを自らの都合のいいように制度設計し、それを通して私たちの生活に影響を与えている**のです。ですから、そのシステムを変えることによって彼らの支配から脱却することは可能です。

では、私たちはどんな社会・経済システムに変えていけばいいのか？　もちろん理想とする社会は人それぞれであり、いろいろな意見があることでしょう。私は特にイデオロギーを持っているわけでもなく、また、皆がハッピーだとか、不老不死だとか、そんなユートピア的な社会も夢想していません。普通の人間が普通に働き、過不足なく、普通に生活できる環境が整えられれば、それでよいと思っています。実に当たり前のことなのですが、その当たり前のことができていないのが現状ですので。

それには、不正や不当な行為がまかり通る社会、不必要な費用を支払わなければならない経済システムを変えていかなければならないでしょう。共同体を維持するのに必要

地球資源には限界がある

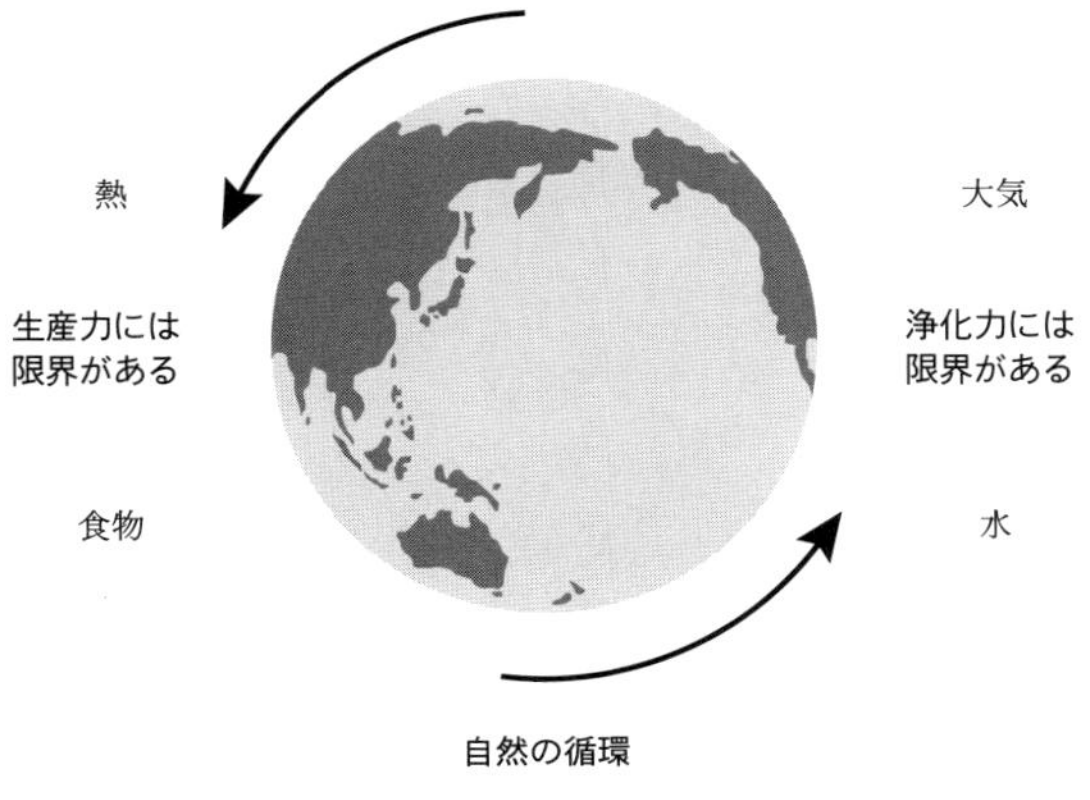

金（＝みせかけだけの数字）は無限だが、私たちが現実に暮らす地球環境は有限である。偽りの経済システムを根底から見直さないかぎり、戦争も環境問題も解決することはない。

なコストを負担するのは当然としても、国際金融資本家や腐敗した政治家・官僚たちに不当に搾取されない社会をつくりたいと思っています。

それと、もう一つ、私たちの経済活動というのは、環境によって制約を受けます。お金というのはただの数字ですから、いくらでも増やすことは可能ですが、経済活動の元となる資源は、地球の資源循環を超えて消費すれば、それは持続可能な社会ではなくなります。

余剰生産物の交換ならば問題ありませんが、自らの領土で生産できる量を超えて贅沢な生活をしようと思えば、他人の領土に踏み込んでいって、資源を奪ってこなければなりません。そうなれば、当然、争いが起こります。フェアー・トレードという言葉がありますが、貿易がフェアーなものなら、わざわざフェアーなんて言葉は付ける必要はありません。貿易の背景には、常に暴力がつきまといます。

国際金融資本から独立した自立型経済を目指そう

前述の理由から、目指すは国際金融資本から独立した自立型経済です。基本は地産地《ちさんち》消《しょう》（地域生産地域消費）の地域循環型社会です。

彼らがグローバリゼーションなら、私たちはローカリゼーション、彼らが中央集権なら、私たちは地方分権でいきたいと思います。

それを実現するために大切なのが、次の5項目です。

①　政治の独自性

②　金融の独自性

③　食糧自給

④　エネルギー自給

⑤　安全の確保

もちろん、他にも教育や医療、情報機関など大切なものはありますが、優先順位として上記5項目の達成を先に目指すべきだと考えます。

私たちの代表者である政治家を世論と票で変えてゆけ！

政治の独自性を確保するためには、正しい情報の発信と共通認識の形成が第1段階であり、ある程度の賛同者が集まったところでロビー活動を始めたいと考えています。

アメリカでマイノリティであるユダヤ人が何故力を持っているかといえば、豊富な資金力もありますが、ロビー活動の上手さが際立っているのです。

日本人は政治を任せっぱなしにしてきたので、政治家・官僚に好き放題やられてきました。文句があっても、せいぜい身内に愚痴を言ったり、ネットで鬱憤《うっぷん》を晴らす程度です。しかし、権限を持った人間に直接働きかけなければ現実は変わりません。だから、私たちがオンブズマンとなって、彼らを監視しなければいけないのです。また、提案があれば採用されるように積極的に働きかけなければならないのです。そのための政策を、シンクタンクで作成し、ロビー活動して実行させるのです。

この国を実際に動かしているのは官僚ですが、その官僚に命令できる立場にあるのは政治家です。その政治家を動かせるのは、金か票しかありません。お金は期待できないにしても、政治への不満が高まっている現状では、票を武器にして政治に介入することは可能だと思います。

また、それほどの票が集められなくても、例えば1万人程度でも、毎日毎日同じ要望をメール・電話・FAXなどで繰り返し要求し、相手が弱ってきたところで代表者が交渉に行けば、政治家は嫌々でも動かざるを得ません。

あるいはマスコミにも同じような方法を取ることで、世論を動かしていくことも可能でしょう。

不正や不当な行為をすれば議員や公務員でいられなくなるという危機感を持たせることが必要です。

日本国憲法に書かれた重要な権利

これは基本中の基本ですが、日本国憲法には下記のような重要な文言があります。その大切な権利を見直してみましょう。

［前文］国政は、国民の厳粛《げんしゅく》な信託《しんたく》によるものであって、その権威は国民に由来し、その権力は国民の代表者がこれを行使し、その福利は国民がこれを享受《きょうじゅ》する。

……つまり、国家の主権は国民にあり、議員は、その代理人でしかないのです。

［第12条］この憲法が国民に保障する自由及び権利は、国民の不断の努力によって、これを保持しなければならない。

……と書いてありますが、どうでしょう？　私たちは不断の努力をしてきたでしょうか？　私たちの自由や権利は、不断の努力をしなければ無くなってしまうものなのです。

［第15条］公務員を選定し、及びこれを罷免することは、国民固有の権利である。

……私腹を肥やしているような公務員は、私たちが辞めさせることができるのです。


［第16条］何人も、損害の救済、公務員の罷免《ひめん》、法律、命令又は規則の制定、廃止又は改正その他の事項に関し、平穏に請願する権利を有し、何人も、かかる請願をしたためにいかなる差別待遇も受けない。

……私たちはおかしな法律を廃止させたり、より良い法律を制定させたりする権利を持っているのです。


［第25条］すべて国民は、健康で文化的な最低限度の生活を営む権利を有する。

……私が守りたいのは、まさにコレです。私たちは、この権利を守るために、立ち上がるべきだと思います。

政府は通貨発行権を国際金融資本から取り戻せ！

金融の独自性の確保は、政治の独自性の確保とセットです。政治の独自性が確保できなければ、金融の独自性も確保できないでしょう。

そもそも貨幣の発行権は政府にあります。『通貨の単位および貨幣の発行に関する法律』第4条では、**貨幣の製造および発行の権能は政府に属する**という「政府の貨幣発行特権」が明記されているのです。しかし実際は、皆さんが使っているのは政府の顔をよそおった民間銀行のお金です。リンカーンやケネディが暗殺されたことでわかるように、銀行からの借金という形で成り立つお金は、彼ら国際金融資本家たちの力の源なのです。

彼らの力を弱めるには、銀行からの借金を減らす必要があります。企業はお客が買わなければ存続できません。だから、彼らの企業からはモノを買わない。同じように、誰も銀行から借金しなくなれば、彼らの支配力・影響力は弱まります。

ただ、急激な変革は社会に混乱をもたらしますから、徐々に銀行券の使用量を減らしていくようにします。

陽経済と陰経済

次頁の図は、地域通貨の研究者ベルナール・リエター氏が提言している未来の貨幣システムを私なりに改訂したものです。道教の太極の図を利用して、経済を陰経済と陽経済に分けています。

陽経済は国家通貨を使った今の貨幣システムですね。特徴としては、希少性に基づいている。競争と成長を助長するものである。銀行がコントロールしていて自分たちではどうにもできないから他律的である。匿名性がある。お金を使えばある程度なんでもできますから、自由。ただ、お金さえあれば良いということになり、人との関係性が薄れたり、お金を巡るトラブルで孤独になる傾向がある。

陰経済は地域通貨あるいは政府通貨や地方通貨を使った貨幣システムです。

地方通貨というのは、地域通貨の使用範囲が非常に狭いのに対して、ある程度規模を大きくして、自給自足ができる程度の領域を設定して、その範囲で流通させるものです。例えば、北海道なら自給自足できますが、東京では無理ですね。そういう意味で、経済圏としての道州制の導入も併せて考える必要があると思います。

未来のあるべき貨幣システム

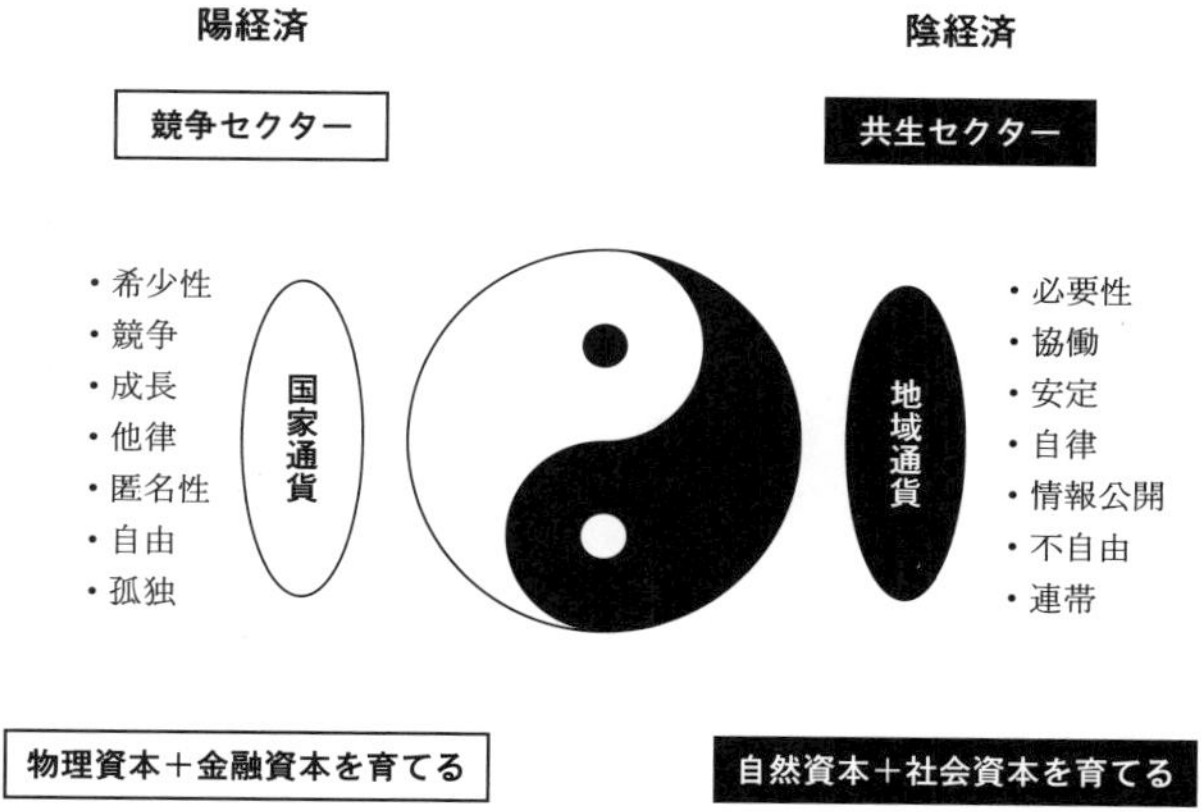

国家通貨と地域通貨を目的に応じて使い分けることが理想の経済システムだ。

特徴としては、必要性に基づいて発行される。協働作業を促すものである。比較的安定した経済を築ける。自分たちでコントロールできるから自律的。その分、公平性を担保するために情報公開が必要とされます。使える範囲や用途が限定されるので不自由。でも、連帯を促進する効果を持つというものです。

陽経済は、物理資本＋金融資本を育てるのに適している。物理資本とは工場や設備など。金融資本とは株や債券などですね。

陰経済は、自然資本＋社会資本を育てるのに適している。自然資本とは、きれいな水、きれいな空気、豊かな森など。社会資本とは、福祉、安全、教育などですね。

私の独自の解釈を加えるなら、事業には大きく分けて2種類あります。それは投資を回収できる収益性のある事業と、投資を回収できる見込みはないけれど必要性のある事業です。

収益性のある事業なら、陽経済。収益性はないけれど国民にとって必要な事業は陰経済。ここに利子の付かない政府通貨あるいは地方通貨を使うようにしたいと思っています。インフラ整備、農業、福祉、介護、環境保護、教育などの分野が相当します。

これまでは、陰の部分にはお金が投資できないから、陽の部分で余剰利益を出してもらって、それを国家の再分配機能を使って陰経済に投資するか、不足分は国債などを発

あるべき未来の企業活動

陽経済

収益性のある事業

これまでは陽経済の余剰利益を陰経済に投資するか、不足分は国債を発行してお金を回してきた。この借金になってしまっていた部分を、借金にならないお金に置き換えていく。

外部通貨

陰経済

収益性のない事業

インフラ整備
農業
福祉
介護
環境保護
教育

内部通貨

共同体内部と外部で違う通貨を使う並行通貨制へ切り替えていくことを目指したい。

行してお金を回す形を取ってきました。要は、その、これまで借金になってしまっていた部分を、借金にならないお金に置き換えていくということです。

外部通貨と内部通貨を並行して使う

さらに別の分類法を加えるなら、外部通貨と内部通貨とに分けられます。

他の共同体と交易するために使う通貨と、共同体内部で流通する通貨を、別なものを用いるというのは、お金の長い歴史を見れば決して珍しいことではありません。

例えば、日本でも江戸時代、日本全国で通用する金貨・銀貨の他に、藩の中だけで通用する藩札がありました。

現在でも、イギリスのブリテン島とアイルランド島の間にあるマン島では、マン島政府が発行する政府通貨と、イングランド銀行の発行するポンドが同時に流通しています。

このような一国に複数の通貨が流通することを並行通貨制度と言います。

国際競争力のある企業には陽経済で頑張ってもらって、競争力はないけど国民にとって必要なものをつくっている企業は陰経済で頑張ってもらうのが良いかと思います。

もう一つ、経済を考える時に重要なファクターが、国家のライフサイクルです。

国家のライフサイクルに合った経済システム

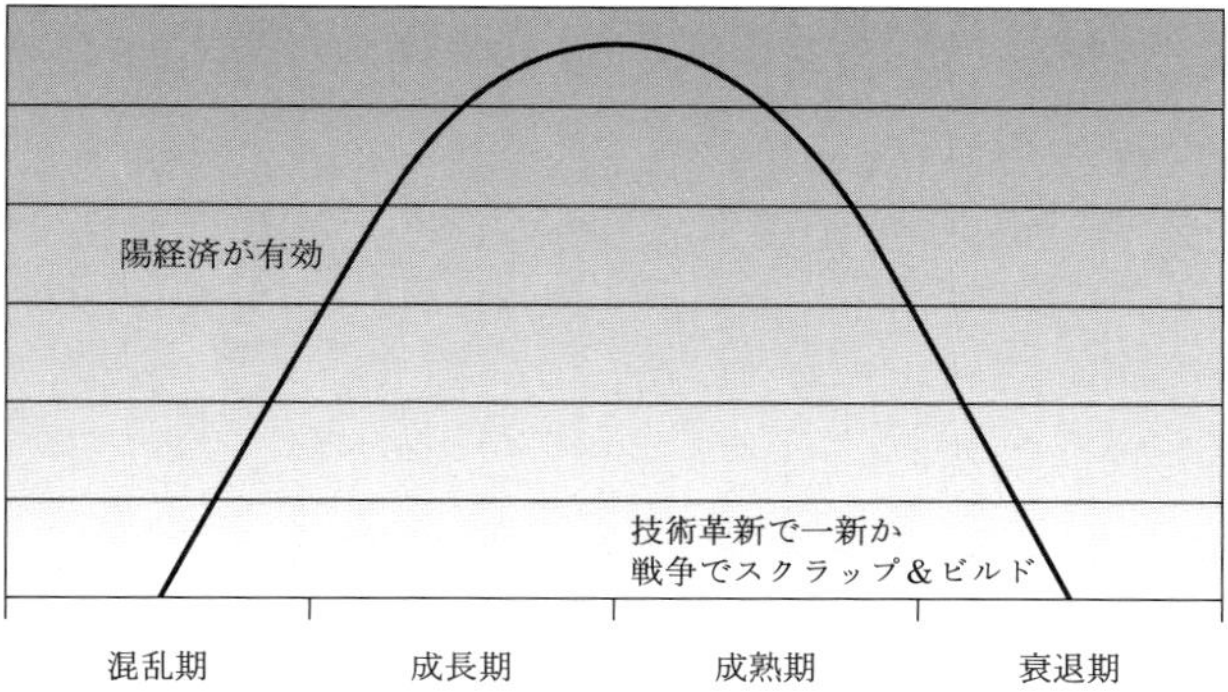

国家の成長に合わせた経済システムの採用が、これから必要とされてくるだろう。

人間に誕生・成長・成熟・老化というライフサイクルがあるように、国家にも混乱期・成長期・成熟期・衰退期があります。

成長期には、陽経済というのは非常に優れています。ターボ付きエンジンみたいなものですから。ただ、日本は、戦後の混乱を乗り越えて、高度経済成長があり、バブル崩壊があって、今は衰退期に入っていると言っていいでしょう。これを再度、成長期に乗せるには、戦争で一度全部破壊して再建するか、技術革新を起こして古いものを一新するか、どちらかという選択肢になります。戦争という選択肢は、選びたくありませんよね。技術革新という可能性は、あるとは思いますが、不確定であり、それが起きる前に相当なダメージを受ける可能性があると思います。

経済成長を続けなくても安定的に社会を運営するには、陰経済のウェイトを大きくしていく必要があります。そして、陰経済の比重が大きくなれば、銀行家の支配力・影響力を弱めることができます。

食糧自給は国家安全保障の要《かなめ》

食糧自給も政治の独自性とセットです。前出の週刊東洋経済の特集「食の戦争」で見たように、農家は廃業や倒産が相次いで、行き詰まりつつあります。そして、穀物生産の大国で輸出規制が相次いでいるというのに、昨年のコメ農家の1時間当たりの家族労働報酬は256円です。こんな労働条件で就農する人間がいるはずありません。これは市場原理とやらに任せていては、絶対に解決できない問題です。

1999年にNHKで放映された〈『世紀を超えて』「地球　豊かさの限界」〉という番組があります。アメリカの元農務長官アール・バッツが「アメリカの穀物は強力な武器なのです」と言っていました。

そのあと続けて「食糧はアメリカが持つ外交上の強力な手段です。とりわけ、食糧を自給できない日本には有効です。日本に脅威を与えたいのなら、穀物の輸出を止めればいいのです」とコメントしています。

食糧自給は国民・国家の安全保障でもあります。ですから、休耕地を政府なり自治体なりが買い上げるか借り上げて、就農希望者や失業者あるいはホームレスを集めて、準公務員待遇で食糧生産します。その他の特殊法人とか公益法人とか独立行政法人とか、行政にぶら下がっている無駄な機関は全部廃止してもかまいませんが、食糧だけはちゃんと確保する。

その際は、もちろん石油に頼った近代農法ではなく、在来種を使った有機無農薬農法が基本です。化学肥料と農薬はセットで使用されます。なぜなら化学肥料の窒素分が害虫の大好物であるアミノ酸を増加させるためで、化学肥料を使えば農薬が必要になるからです。しかし農薬は土の中の微生物を殺し、生態系を崩します。土の中の微生物が死ねば、やがて土が死に、耕作できない農地となってしまいます。また、当然のことですが、化学肥料と農薬は土壌汚染・水質汚染の原因にもなりますし、作る人、食べる人、両方の人体にも悪影響を与えます。

さらに、現在ほとんどのタネは1代で終わるF1種であり、種子を毎回買わなければなりません。世界の主要な穀物の95%のタネの特許を支配しているのがロックフェラー財団です。これがどれだけ危険なことか、今さら説明の必要もないでしょう。ですから私たちは昔からの土地に根ざした原種や在来種、固定種を増やさなければならないのです。

超簡単な食糧自給率アップ大作戦

供給だけではなく、需要の方も喚起しなければなりません。そこで、「ロシア政治経済ジャーナル」というメルマガを発行している北野幸伯氏が提案している食糧自給率アップ大作戦をご紹介したいと思います。

1954年に米国で余剰農産物を処理するための農業貿易促進援助法（通称、余剰農産物処理法）が成立し、同年、日本で学校給食法が制定、米国の余剰生産物である脱脂粉乳と小麦粉が、給食の主食のパンの原料となりました。

主食が米からパンに変わると、おかずも肉・卵・乳製品・油物等、欧米化していきました。

人間の味覚は、子供の頃に食べていたモノを美味しいと感じて、それを生涯、食べ続けます。お袋の味が誰にとっても一番美味しいというのは、そういう理由によります。これはマクドナルドが研究して証明されていることです。だから、マクドナルドは子供向けのメニューが豊富なのです。

人間は子供の頃と同じ食べ物を死ぬまで食べ続ける。そして、親は子供に自分が食べてきたものを食べさせる。だから、この逆をやればいいのです。

つまり、子供の頃にお米を食べさせれば、生涯、和食を食べ続ける。和食を食べながら育った人は、子供にも和食を食べさせる。これで逆のサイクルが生まれます。

1976年から学校給食にお米のご飯が導入されていて、現在は全国平均で週2・9回、お米のご飯が出されています。これを、全小中学校で全食、お米の給食を実施するようにします。現在、給食を食べている児童は約1000万人いますから、週3回を週5回に変えただけで、年間に10億食も増えることになります。

国が給食用の食材を地元で調達するように指導していけば、地元の農業保護にもなりますし、食糧自給率アップへつながるという仕組みです。

また、県庁や市役所、公共機関の食堂でも、全部お米のご飯にし、輸入食材は止めて、地元の食材を使うように指導していけば、相当な需要が見込めます。

確実な需要の増加が見込めれば、供給体制の増員もしやすくなり、食糧自給率は確実に上がっていくでしょう。

石油・原子力頼りを止めてエネルギーを自給せねばならない理由

エネルギー自給も、やはり政治の独自性とセットです。

なぜ自然エネルギーが普及しないのかと言えば、簡単に言えば「普及させる気がないから」です。石油業界、あるいは原子力業界からの圧力もあるでしょうが、一番の理由は利権だと思います。政治家・官僚は、金のなる木である石油・原子力の利権を手放したくないのではないでしょうか。

信用創造を通して経済はコントロールできる

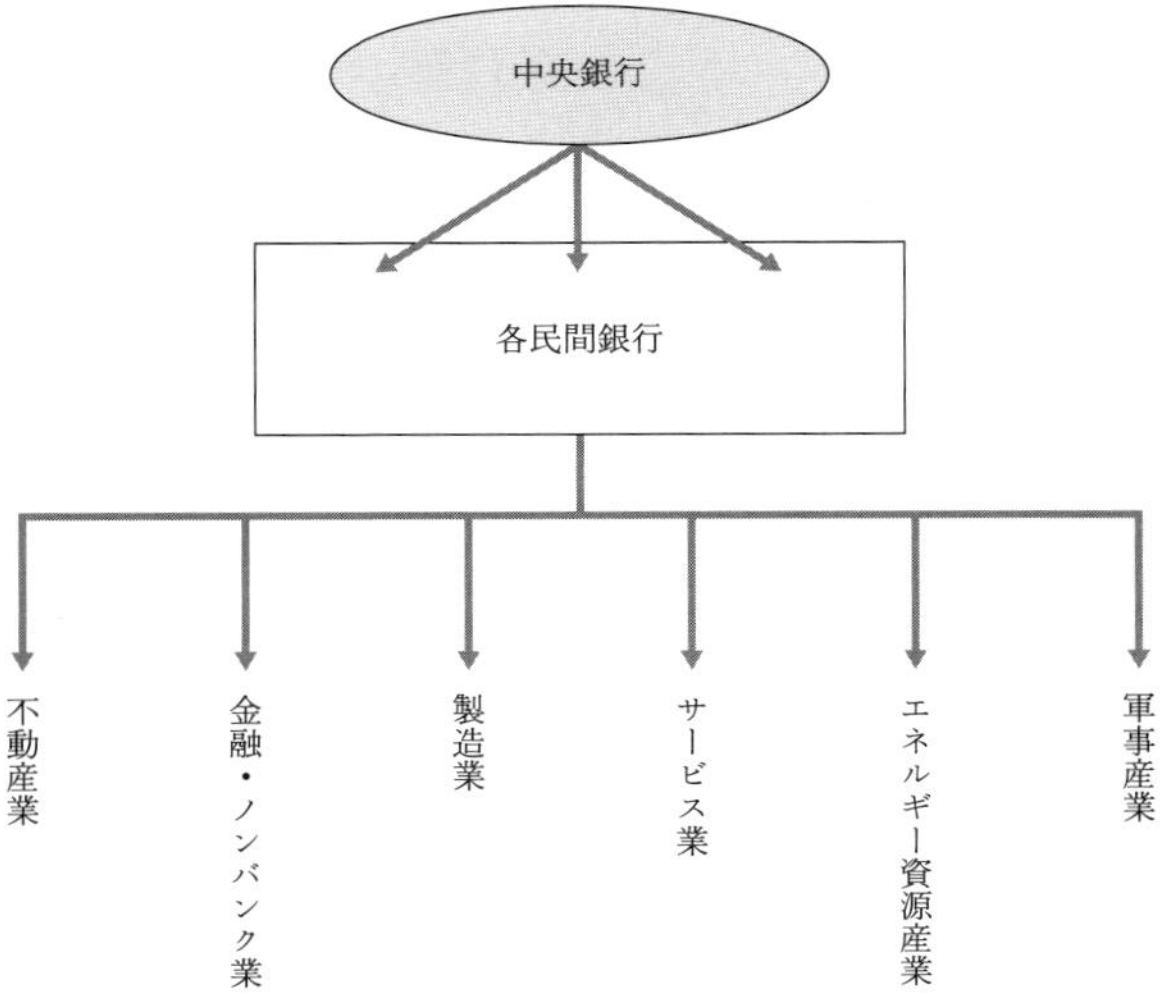

再生可能エネルギーが普及しない理由は「普及させる気がないから」。石油・原子力の利権は金のなる木である。

例えば、原子力発電所を1基つくるのに3000億～4000億円かかります。ゼネコンと政治家の間には5%をキックバックするルールがあると言われています。もしそうなら、3000億円の建設費であれば150億円が誘致した政治家に還元されることになります。こんなおいしい利権なら手放せませんよね。

必要な業界に必要な資金を与えれば、必ず伸びることはできます。だから、我々がすることは、代替エネルギーの分野に投資するよう働きかけることです。そして、目指すは脱・石油、原子力です。

その理由は主に次の四つです。

①「環境汚染の主要因」

大気汚染、水質汚染、土壌汚染、ダイオキシン、環境ホルモン等、ほとんどが石油や石油原料の化学製品によります。それと、原発による放射能汚染も危険です。

②「外交上のコントロールを排除」

ヘンリー・キッシンジャーは「エネルギーをコントロールすることで国家をコントロールできる」と語っています。これ以上の説明は必要ないでしょう。

③「リスクの軽減――国際情勢の不安定、破滅的事故」

国際情勢が不安定になれば、ただでさえ高くなっている石油がさらに高騰します。イランが戦争を始めれば1バレル200ドルにはなると予測されています。また、もしイランがホルムズ海峡を封鎖すれば、石油の90%を中東に依存している日本は、経済活動がマヒしてしまうでしょう。

それから、原発で怖いのは、やはり事故です。この地震国である日本に原発が54基もあること自体、危険なのですが、さらに信じられないことに、浜岡、柏崎刈羽、島根、伊方、美浜、敦賀、そして高速増殖炉もんじゅの近辺には活断層があります。特に、浜岡原発は活断層の真上にあり、東海大地震は必ず来ると予測されています。そうなれば、首都圏は壊滅です。ですから、直ちに原発は撤廃すべきです。

④［戦争および紛争の回避］

イラク、アフガン、スーダン、コソボ、チェチェン、東ティモール、新疆《しんきょう》ウイグル自治区等々、戦争や紛争があるところに、必ず石油や鉱山の利権が絡んでいます。

〝No war for Oil〟とか「石油の一滴は血の一滴」なんていう言葉がありますが、人類はまさに石油を巡って血を流し続けてきました。脱・石油は、脱・争いです。

以上の理由から、私たちは石油や原子力に頼る生活から抜け出さなければならないと思っています。

代替エネルギーの最有力、メタンハイドレート

新エネルギーとしては常温核融合や藻からガソリンを精製する技術など、非常に期待できる技術も開発されてきていますが、今回取り上げるものは、すでに技術的には問題のないものに絞っています。

代替エネルギーとして一番現実的に期待されているものは、メタンハイドレートです。これは、天然ガスの主成分であるメタン分子が低温高圧の条件下で、水分子の結晶構造の中に取り込まれた氷状の固体物質です。

日本近海の海底地層内に世界最大のメタンハイドレートが埋蔵されていて、1996年の試算によれば日本周辺のメタンハイドレート資源量は推定7・35兆㎥。日本が消費する天然ガスの約96年分にもなります。

ただ、現在のところ採掘にかかるコストが高いので、商売としては成立していませんが、今後、石油のコストが上がった場合は、日本が世界最大のエネルギー資源大国になる可能性もあります。

問題点としては、石油や石炭に比べ燃焼時の二酸化炭素排出量はおよそ半分なのですが、メタンは二酸化炭素の20倍もの温室効果があることです。ただそれも12年ほどで大気中で分解するので、あまり一気に大量に排出しないよう制限すれば、ほぼ問題ないでしょう。

次に期待できるのは、自然エネルギーです。風力発電、太陽光発電、太陽熱利用システム、マイクロ水力発電、バイオマス発電、廃棄物発電、地熱エネルギー利用等々ありますが、中でも有望なのは風力発電でしょう。

コストの安い風力発電

日本風力エネルギー協会によれば、海洋上の沖合1～3㎞の地点等も含め、500kW前後の風力発電所を設置可能な地点は、日本国内だけで41万個所＝総計2億kW超あります（※日本の過去最大の電力需要は1億8200万kW）。

世界全体では約72TW（※T＝テラ＝1兆）が風力によって発電可能とされていて、これは世界全体の電力需要量14TWの約5倍に相当します。

風力発電で問題とされるのはコストですが、現在、1kW当たり10～14円とされています。ただ、米国では既に4円まで下がっています。

最も安いと言われている原子力発電の発電コストは5・9円とされていますが、補助金とか外部コスト化されたものや廃棄物の処理費用が含まれていないので、実際は13・2円と言われています。ですから実際には、もう既に風力発電の方が安いのです。

太陽光発電

太陽光発電には下記のような利点があります。

- セルの主要原料であるシリコン（珪素）は地球上で最も豊富な資源。
- パネルに使われている素体の寿命は半永久的であり、機械・電機部品の交換によるリサイクルが容易。
- 需要地に近接して設置できるため、送電コストや損失を低減できる。
- 可動部分がないので機械的にメンテナンスフリーである。
- 原子力や火力と比較すると冷却水・廃棄物・排気など副産物が発生しない。
- 出力のピークが昼間の電力需要ピークと重なっており、ピーク時の電力の削減に効果的。

・建築物の屋根・壁面に設置できるため用地を占有しない。

日本国内で利用可能な建屋の屋根や壁面、遊休地に設置したと仮定すると、設備容量にして約207GW（※G＝ギガ＝10億）が設置可能です。

年間総発電量は約217―228TWhとなり、日本の年間総発電量の約21～22％に相当します（※日本の年間総発電量は約1028TWh）。

太陽から地球全体に照射されている光エネルギーは約180PW（※P＝ペタ＝10の15乗）。

実際に利用可能な量は約1PWで、これは現在の人類のエネルギー消費量の約50倍にあたります。もし、ゴビ砂漠の半分に太陽電池を敷き詰めれば、全人類のエネルギー需要量に匹敵する発電量が得られると言われています。

電気自動車

電気自動車の性能も凄く進んでいて、慶応大を中心に開発しているエリーカは時速3

70キロメートルで、ポルシェよりも加速が速い。燃費も凄くて100円の電気代で100キロメートルの走行が可能だそうです。

また、三菱のiMiEVは2010年に市販される予定で、こちらも実際に試乗した人によれば、騒音も振動もなく、まるでロケットに乗っているみたいと好評でした。

電気自動車の問題点は、連続走行できないことで、どうしても充電するのに時間がかかります。ただ、エリーカもiMiEVもリチウムイオン電池を使っているのですが、キャパシタという蓄電器を使うことによって、5分の充電で800km走る車も開発されているので、今後まだまだ改良されていくことでしょう。

実用に向けて動く燃料電池車

燃料電池の自動車も、トヨタ、ニッサン、ホンダの三大メーカーが既に開発済みで、日野のバスは実際に走っています。ただ、燃料電池の場合、燃料となる水素の供給が課題でした。水素を製造するのにもエネルギーが必要で、それなら化石燃料をそのまま燃やした方が効率的になってしまうからです。

しかし、今年の3月、朗報が入りました。下記の記事（河北新報ニュース）をご覧く

代替エネルギーを見直す時代

地球環境を悪化させる原子力発電（上）などよりも、風力や太陽光（下）などを始めとする代替エネルギーにシフトするべき状況がせまっている。

ださい。日大工学部が安価で簡単に製造できる技術を開発したのです。

燃料電池普及への朗報

７００度蒸気から水素製造　ベンチャーと日大工学部が成功

環境技術開発のベンチャー企業ライブニュー（東京）は18日、日大工学部（福島県郡山市）の協力で、特殊な触媒を使って低温下で水から水素を製造することに成功したと発表した。世界初の技術という。安価で簡単に水素が製造でき、クリーンエネルギーの観点から実用化に期待が集まる。

約７００度に加熱した水の蒸気を、特殊な熱処理で固めたセラミックなどの触媒に当てるだけで、水素が分離する仕組み。通常の熱分解で水素を取り出すには、約４０００度に高める必要があるとされている。

理論的には1リットルの水から1・3立方メートルの水素が製造でき、水の加熱に費やすエネルギーの約4倍のエネルギーが得られる。2年後をめどに商品化を目指すという。

同社が研究拠点を置く日大工学部構内の郡山地域テクノポリスものづくりインキュベ

燃費の安い電気自動車

慶応大を中心に開発されたエリーカは、最高速度370km/h。160km/h まで7.04秒（ポルシェ911ターボは9.02秒）。100円の電気代で100km 走行可能（東京〜名古屋が300円）。

ーションセンターで記者会見した岩井達也代表は「クリーンエネルギーを化石燃料からでなく、水から取り出す技術の研究開発は世界中で行われているが、低温下で成功したのは画期的」と強調した。

協力した日大工学部の出村克宣教授は「水素の位置付けは高まっているが、コストが問題だった。安価でしかも簡単に製造できることに大きな意味がある」と話した。

（２００８年3月18日河北新報）

黒潮による海流発電でエネルギー大国日本となれる！

そこで私が提案したいのは、海流発電で海水から水素を取り出し、燃料電池の燃料にすることです。

伊豆半島や房総半島の鼻先に、黒潮という膨大なエネルギーが永久的に流れています。黒潮の幅は約１００キロメートルで、時速は最大で４ノット（約７・４キロメートル）。この無尽蔵なエネルギーで海流発電し、作った電気で海水を水素にし、船でピストン輸送する。そうすれば、安価でクリーンなエネルギーが無尽蔵に使えるようになります。

日本にはエネルギーがないと言われ続けてきましたが、これらの代替エネルギーを適性に合わせて適材適所に配すれば、現在ある技術でも十分にエネルギー自給が可能であることがご理解いただけると思います。

支配者層の手口を知ることが自立型経済実現への第一歩

ここまで話してきたようなことを実際におこなった場合、当然、支配者層の人たちは黙っていないでしょう。あの手この手で潰しにくると思います。しかし、彼らが如何《いか》に絶大な力を持っていても、所詮は１％にも満たない極少数であり、彼らのせいで不利益を被っている人間の方が大多数です。

また、彼らのやり方は、あまりにも非人道的で残虐であり、本当のことを知られると反抗されるため、真実を隠蔽しています。**真実を知れば、世界中で虐《しいた》げられた人々が立ち上がる**ことでしょう。

つまり、私たちの安全確保については、英語・ロシア語・中国語・アラビア語・フランス語・ドイツ語などの各言語に真実の情報を翻訳し、全世界に流すこと。そうなれば、多勢に無勢で、こちらが有利になります。インターネットは、そのための大きな武器ですが、既に人権擁護法案や共謀罪など言論の自由を奪う法規制が検討されていますので、なるべく迅速に行動に移す必要があるでしょう。私たち一般市民にとってネットは唯一と言ってもよい情報発信のツールです。これを取り上げられてしまえば、手の打ちようがありません。

そして、日本でどんな変革が起きているかをリアルタイムで広報していくこと。反グローバリゼーションの団体などは良い提携相手となってくれることでしょう。そして、そのような提携団体を通して全世界の市民たちと連帯・協力し合い、真の意味での民主的社会を構築していくことを目指していきましょう。

この提案に賛同した人たちが自立型経済の実現に向けて、ビジネス、NPOやNGO、シンクタンク、情報発信といった分野で、それぞれができることを始め、そして、イザという時は、まとまって政府やマスコミにロビー活動をおこなうようになることを期待しています。

これまで見てきたように、既に日本には必要なインフラ、人材、技術、制度、権利は十分に揃っています。あとは賛同者を集めて実行するのみです。

ロスチャイルド一族をはじめとする国際金融資本と、その同盟者であるエスタブリッシュメントたちは、明確な目標を共有し、それを実現するための具体的な計画を立て、決してあきらめずに何世代にもわたって彼らの理想とする社会を創ろうとしてきました。

これは、ある意味、最高の成功哲学の実践事例です。これを「陰謀」などという低レベルのレッテルを貼って軽視する人間は、戦略的思考を持っていないのでしょう。ただ、彼らの理想とする社会は、私たち一般大衆の立場から見れば、受け入れ難いものではないでしょうか？　少なくとも私は、家畜扱いされて生きるのはプライドが許しません。

彼らの支配を撥《は》ね除《の》けて、新世界秩序という計画を崩壊させれば、この世界を覆っている暗雲が晴れて、未来に光が差し込むのではないでしょうか？　それをこの日本から始めてみませんかというのが私からの提案です。もちろん私の提案がベストではありません。これが呼び水となって活発な議論が展開されることを希望します。

私たちは、互いを尊重し合いながら、人間らしく暮らしていける、持続可能な社会・経済システムを設計することが可能なはずです。本書が、それを築く一助となれば、これに勝る光栄はありません。

2008年吉日　安部芳裕《あべよしひろ》

参考文献

『赤い楯――ロスチャイルドの謎（上・下）』広瀬 隆 著／集英社
『アメリカの経済支配者たち』広瀬 隆 著／集英社
『アメリカの保守本流』広瀬 隆 著／集英社
『国連の死の商人たち』広瀬 隆 著／八月書館
『マネー崩壊――新しいコミュニティ通貨の誕生』
ベルナルド・リエター 著／日本経済評論社／小林一紀・福元初男 訳
『マネー――なぜ人はおカネに魅入られるのか』
ベルナルド・リエター 著／ダイヤモンド社／堤 大介 訳
『エンデの遺言――根源からお金を問うこと』河邑厚徳、グループ現代 著／日本放送出版協会
『だれでもわかる地域通貨入門――未来をひらく希望のお金』
あべよしひろ、泉 留維 著／森野栄一 監修／北斗出版
『「お金」崩壊』青木秀和 著／集英社
『マネーを生みだす怪物――連邦準備制度という壮大な詐欺システム』
G・エドワード・グリフィン 著／草思社／吉田利子 訳
『民間が所有する中央銀行――主権を奪われた国家アメリカの悲劇』
ユースタス・マリンズ 著／秀麗社／林伍平 訳
『世界権力構造の秘密――闇の犯罪秘密結社の恐るべき野望』

ユースタス・マリンズ 著／日本文芸社／天童三郎 訳
『世界の歴史をカネで動かす男たち 国際エスタブリッシュメントの金融支配』
W・クレオン・スクーセン 著／成甲書房／太田 龍 監訳
『ロスチャイルドの密謀 世界最大のタブー』
ジョン・コールマン、太田 龍 著／成甲書房／太田 龍 監訳
『ロスチャイルド世界金権王朝——一極世界支配の最奥を抉る！』
ショージ・アームストロング 著／徳間書店／馬野周二 監訳・解説
『ユダヤの告白 日本経済を裏面から見る』
ポール・ゴールドスタイン、ジェフリー・スタインバーグ 著／エノク出版／宇野正美 訳
『世界革命とイルミナティ』ネスタ・H・ウェブスター 著／東興書院／馬野周二 訳
『Wall Street & the Bolshevik Revolution』Antony C. Sutton ／ Buccaneer Books
『Wall Street & the Rise of Hitler』Antony C. Sutton ／ Buccaneer Books
『闇の超世界権力 スカル&ボーンズ ロックフェラー・ロスチャイルドを超える』
クリス・ミレガン、アントニー・サットン 著／徳間書店／北田浩一 訳
『国際決済銀行の戦争責任——ナチスと手を組んだセントラルバンカーたち』
ジャン・トレップ 著／日本経済評論社／駒込雄治、佐藤夕美 訳
『ロックフェラー帝国の陰謀——見えざる世界政府（Part1・Part2）』
ゲイリー・アレン 著／自由国民社／高橋良典 訳
『次の超大国は中国だとロックフェラーが決めた 上（技術・諜報篇）下（謀略・金融篇）』

ヴィクター・ソーン 著／徳間書店／副島隆彦 訳・責任編集

『国際金融同盟——ナチスとアメリカ企業の陰謀 秘密結社』
チャールズ・ハイアム 著／マルジュ社／青木洋一 訳／近現代史研究会 監訳

『ユダヤ財閥がヒトラーを育てた ヒトラーへの使者が暴露した超一級極秘資料——莫大な資金をいかなる方法で援助したか』シドニー・ウオーバーグ 著／第一企画出版／牛山火壱 訳・監

『アメリカはなぜヒトラーを必要としたのか』菅原 出 著／草思社

『秘密結社——アメリカのエリート結社と陰謀史観の相克』越智道雄 著／ビジネス社

『〈終末思想〉はなぜ生まれてくるのか——ハルマゲドンを待ち望む人々』越智道雄 著／大和書房

『核戦争を待望する人びと——聖書根本主義派潜入記』
グレース・ハルセル 著／朝日新聞社／越智道雄 訳

『円の支配者——誰が日本経済を崩壊させたのか』
リチャード・A・ヴェルナー 著／草思社／吉田利子 訳

『知れば知るほどコワくなる！ 日本銀行24のヒミツ——不況をつくり、悪化させたのは日銀だった！』リチャード・ヴェルナー 監／実業之日本社

『戦争案内——映画製作現場 アジアからの報告 戦争は誰が必要としておこすのか』
高岩 仁 著／技術と人間

『戦争請負会社』P・W・シンガー 著／日本放送出版協会／山崎 淳 訳

『アメリカの国家犯罪全書』ウィリアム・ブルム 著／作品社／益岡 賢 訳
『操られたルーズベルト――大統領に戦争を仕掛けさせた者は誰か』
カーチス・B・ドール 著／プレジデント社／馬野周二 訳・解説
『真珠湾の真実――ルーズベルト欺瞞の日々』
ロバート・B・スティネット 著／文藝春秋／妹尾作太男 監訳／荒井 稔・丸田知美 共訳
『原爆を投下するまで日本を降伏させるな――トルーマンとバーンズの陰謀』
鳥居 民 著／草思社
『軍隊なき占領――戦後日本を操った謎の男』
ジョン・G・ロバーツ、グレン・デイビス 著／講談社／森山尚美 訳
『秘密のファイル――CIAの対日工作』春名幹男 著／共同通信社／新潮社／文庫上下あり
『売られ続ける日本、買い漁るアメリカ――米国の対日改造プログラムと消える未来』
本山美彦 著／ビジネス社
『国富消尽――対米隷従の果てに』吉川元忠、関岡英之 著／PHP研究所
『拒否できない日本――アメリカの日本改造が進んでいる』関岡英之 著／文藝春秋
『アメリカの日本改造計画――マスコミが書けない「日米論」』
関岡英之、イースト・プレス特別取材班 編集／イースト・プレス
『小泉純一郎と日本の病理 改革者か独裁者か』藤原 肇 著／光文社
『2008年 IMF占領 財政史から見た「日本破産」』森木 亮 著／光文社
『日本が自滅する日――「官制経済体制」が国民のお金を食い尽くす！』

石井紘基 著／PHP研究所
『閉された言語空間――占領軍の検閲と戦後日本』江藤 淳 著／文藝春秋
『GHQ作成の情報操作書「眞相箱」の呪縛を解く――戦後日本人の歴史観はこうして歪められた』櫻井よしこ 著／小学館
『日本テレビとCIA――発掘された「正力ファイル」』有馬哲夫 著／新潮社
『渡辺武日記 対占領軍交渉秘録』大蔵省財政史室 編纂／東洋経済新報社
『ユダヤは日本に何をしたか――我が愛する子や孫に語り継ぎたい』渡部悌治 著／成甲書房
『ユダヤ製国家日本――日本・ユダヤ封印の近現代史』
ラビ・マーヴィン・トケイヤー 著／徳間書店／加瀬英明 訳
『あやつられた龍馬――明治維新と英国諜報部、そしてフリーメーソン』加治将一 著／祥伝社
『石の扉 フリーメーソンで読み解く歴史』加治将一 著／新潮社
『属国・日本論』副島隆彦 著／五月書房
『阿片王 満州の夜と霧』佐野眞一 著／新潮社
『自然資本の経済――「成長の限界」を突破する新産業革命』ポール・ホーケン、L・ハンター・ロビンス、エイモリ・B・ロビンス 著／日本経済新聞社／佐和隆光 監訳／小幡すぎ子 訳
『ファクター10――エコ効率革命を実現する』
フリードリヒ・シュミット・ブレーク 著／シュプリンガー・フェアラーク東京／佐々木建 訳
『環境破壊のメカニズム――地球に暮らす地域の知恵』田中 優 著／北斗出版
『オルター・グローバリゼーション宣言――もうひとつの世界は可能だ！ もし…』

スーザン・ジョージ 著／作品社／杉村昌昭・真田 満 訳
『政府貨幣発行で日本経済が蘇る――世界を代表する経済学者たちの提言に耳を傾けよ』
小野盛司 著／ナビ出版
『世界を不幸にしたグローバリズムの正体』
ジョセフ・E・スティグリッツ 著／徳間書店／鈴木主税 訳
『ホロコースト産業――同胞の苦しみを「売り物」にするユダヤ人エリートたち』
ノーマン・G・フィンケルスタイン 著／三交社／立木 勝 訳
『アメリカのイスラエル・パワー』ジェームズ・ペトラス 著／三交社／高尾菜つこ 訳
『アメリカはなぜイスラエルを偏愛するのか――超大国に力を振るうユダヤ・ロビー』
佐藤唯行 著／ダイヤモンド社
『闇の世界金融の超不都合な真実 ロックフェラー・ロスチャイルド一味の超サギの手口』
菊川征司 著／徳間書店

参考サイト

田中宇の国際ニュース解説　http://www.tanakanews.com/
ロシア政治経済ジャーナル　http://blog.mag2.com/m/log/0000012950/
ヘブライの館2　http://hexagon.inri.client.jp/index2.html
ゲゼル研究会　http://www.grsj.org/

お薦め資料の紹介

きくちゆみさんが主催するハーモニクスライフセンターでは、9・11事件の真相を追求した以下のDVDと本を「新911特別セット」として特別価格（1万円）で販売しているので、参考にして下さい。（1．2．3．6は日英バイリンガル、他は日本語）

［新911特別セット］

1．911ボーイングを捜せ（DVD／52分）
2．911の嘘をくずせ（DVD／80分）
3．911目撃者（DVD）
4．911 Press for Truth（DVD）
5．イラク戦場からの告発（DVD）
6．911ボーイングを捜せ　ガイドブック（本）

7．911マスターキーから何が見える？（小冊子）
8．そのとき、赤ん坊が私の手の中に（小冊子）

郵便振替で「ハーモニクスライフセンター　00110－1－144224」に1万円を振込み、通信欄に「新911特別セット」と明記すれば、振込確認後、2営業日以内に発送されるとのこと。

［きくちゆみのブログ］ http://kikuchiyumi.blogspot.com
［911真相究明国際会議］ http://2nd911.globalpeace.jp/
［平和省プロジェクト］ http://ministryofpeace.jp
［平和の書店］ http://ministryofpeace.jp/bookstore/bookstore-menu.html
［東京平和映画祭］ http://www.peacefilm.net
［911ボーイングを探せ］ http://www.wa3w.com/911
［テロリストは誰？］ http://www.wa3w.com
［911の嘘をくずせ ルース・チェンジ］ http://www.wa3w.com/LC2J/
［グローバルピースキャンペーン］ http://globalpeace.jp
［グローバルピースキャンペーン・ストア］ http://store.globalpeace.jp
［Harmonics Life センター］ http://harmonicslife.net
［Global Peace Campaign］ (English) http://english.globalpeace.jp
［Yumi's English Blog］ http://yumikikuchi.blogspot.com

安部 芳裕（あべ よしひろ）

環境問題の根幹にあるのは経済システムだとの認識からオルタナティブ（代替的）なお金である「地域通貨」に希望を見出す。1999年に地域通貨グループ「レインボーリング」を立ち上げる。講演や体験型ワークショップを全国の自治体・商店街・商工会・大学・NPO・NGOなどで数多く行ない、その実践もサポート。

「地域通貨」に関する著書には『だれでもわかる地域通貨入門』『なるほど地域通貨ナビ』（北斗出版）『ボクらの街のボクらのお金』（さんが出版）などがある。

2007年4月からネット上で「反ロスチャイルド同盟」を立ち上げる。豊富な資料をそろえ、マスメディアが伝えない情報を発信している。

http://www.anti-rothschild.net/

金融のしくみは全部ロスチャイルドが作った

5次元文庫033

初刷　2008年9月30日
20刷　2016年5月25日
著者　安部芳裕
発行人　川田　修
発行者　株式会社徳間書店
〒105-8055 東京都港区芝大門2-2-1
電話　編集(03)5403-4344　販売(048)451-5960
振替　00140-0-44392

印刷　図書印刷株式会社
カバー印刷　近代美術株式会社
製本　図書印刷株式会社

ISBN978-4-19-906038-0